I0821437

Tonius Timmermann
Tiefenpsychologisch orientierte Musiktherapie
Bausteine für eine Lehre

Tonius Timmermann

Tiefenpsychologisch orientierte Musiktherapie

Bausteine für eine Lehre

zeitpunkt musik
Reichert Verlag Wiesbaden 2004

Titelbild: Harfenspieler von Santorin (Thera), Griechenland 2700–2400 v. Chr.,
Badisches Landesmuseum Karlsruhe, Inv. B 864 und B 863.
Foto: Thomas Goldschmidt © Badisches Landesmuseum Karlsruhe

Bibliografische Information Der Deutschen Bibliothek
Die Deutsche Bibliothek verzeichnet diese Publikation in der Deutschen Nationalbiografie; detaillierte bibliografische Daten sind im Internet über http://dnb.ddb.de abrufbar.

Gedruckt auf säurefreiem Papier
(alterungsbeständig – pH 7, neutral)

www.reichert-verlag.de
ISBN: 3-89500-399-9

Printed in Germany

INHALT

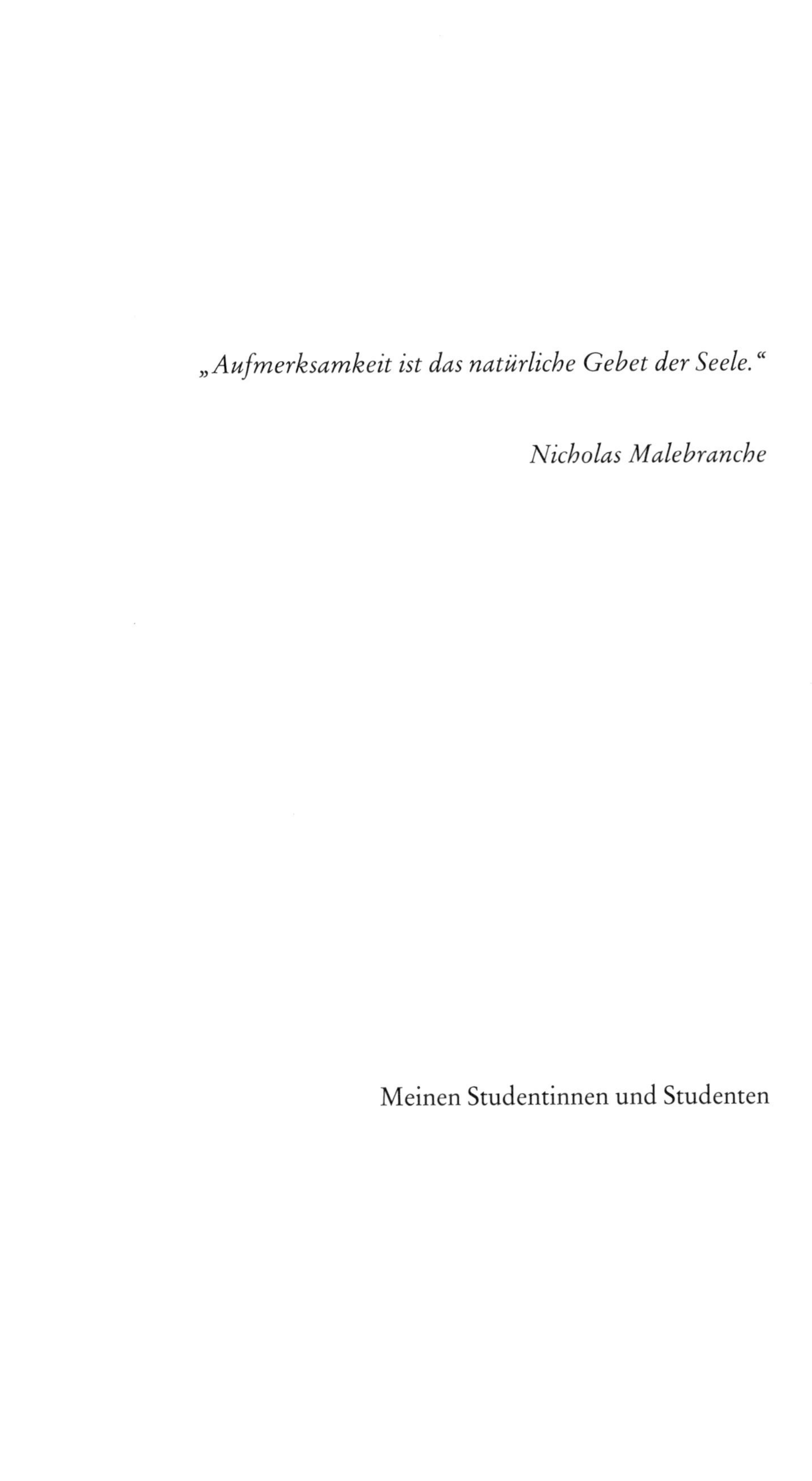

„Aufmerksamkeit ist das natürliche Gebet der Seele.“

Nicholas Malebranche

Meinen Studentinnen und Studenten

Vorwort

Seelsorge und Seelenheilkunde findet traditionell vor dem Hintergrund verschiedenster Philosophien und Weltbilder statt. Schamanismus, alte Religionen oder neue Esoterik bilden den Rahmen für verschiedenste Formen von Beratung oder ritueller Intervention. Wie wir im Anschluss noch näher betrachten werden, geht die moderne wissenschaftliche Psychotherapie, wie auch immer sich die Hunderte von Methoden entwickelt haben mögen, zurück auf die Neugier einiger Ärzte und Forscher, die seit dem 19. Jahrhundert bemüht waren, bisher nicht behandelbare psychiatrische und neurologische Phänomene zu verstehen und zu therapieren und dabei das Unbewusste entdeckten, dessen Erforschung bis heute aktuell ist.
Aufgrund der Einzigartigkeit des individuellen Menschseins ist die Praxis der Psychotherapie immer auch Forschung, solange der Therapeut offen bleibt gegenüber neuen Wahrnehmungen und Einsichten. Auf diese Weise hat sich Psychotherapie stetig weiter entwickelt, angefangen von verschiedenen Methoden, Zugang zum Unbewussten zu bekommen, wie beispielsweise Hypnose, Suggestion, Imagination, aus denen sich die analytischen Psychotherapien mit dem Setting des Liegens und verbalen freien Assoziierens entwickelten, über die aktiven, körperorientierten und mit künstlerischen Medien arbeitenden Vorgehensweisen, den humanistischen Ansätzen oder den lerntheoretisch begründeten Übungen der behavioralen Psychotherapien bis hin zum Einbeziehen des überindividuellen, systemischen und transgenerativen Unbewussten.
In dieser Fülle stehen wir Musiktherapeutinnen und Musiktherapeuten und haben nur eines sicher gemeinsam: das Medium Musik in irgendeiner Form. Ansonsten bildeten sich auch in unserem Beruf Schulen heraus, die schwerpunktmäßig an verschiedenen Hintergründen orientiert und entsprechend methodisch modifiziert sind. Es ist kaum vorstellbar und vielleicht auch gar nicht wünschenswert, diese alle in einem einzigen musiktherapeutischen Lehrbuch zu integrieren. Dies würde die Studenten wohl nur verwirren. Ich schlage vor, dass wir uns auf die Wurzeln besinnen, die der großen Mehrzahl der Musiktherapeuten gemeinsam sind. Diese liegen einerseits im Künstlerisch-ästhetischen und Pädagogischen, andererseits in der Entwicklung der modernen Psychotherapie auf der Basis der Tiefenpsychologie sowie dem aktuellen medizinischen und psychologischen Wissenstand. Aus diesem Material sollten sich, aufgrund der Erfahrungen der letzten fünf Jahrzehnte, bereits Bausteine zu einer musiktherapeutischen Lehre formulieren lassen, aus denen in absehbarer Zeit ein tragendes Gebäude errichtet werden kann.

Was das Psychotherapeutische anbetrifft, ist es sinnvoll, bei der Entdeckung des Unbewussten und der sich daraus entwickelnden Tiefenpsychologie als Mutter der modernen Psychotherapie anzusetzen und, von da ausgehend, geeignete Elemente aus den verschiedenen psychotherapeutischen Schulen zu integrieren. Die Fülle der heute existierenden Verfahren und Vorgehensweisen kann uns inspirieren, sie zwingt aber auch zu Beschränkung und Disziplin, wollen wir uns nicht in Beliebigkeit und Oberflächlichkeit verzetteln. Im Rahmen der Weiterbildung zum Musiktherapeuten des Instituts für Musiktherapie am Freien Musikzentrum München wurde in diesem Zusammenhang der Begriff „pragmatischer Eklektizismus“ geprägt, der später noch näher erläutert wird.
Die Vielfalt der verschiedenen Ansätze beschränkt sich bei der Musiktherapie nicht nur auf das praktische psychotherapeutische Terrain. Die Kombination von Musik und Therapie bringt auch in der Theorie eine große Menge von Disziplinen und Fächern ins Spiel, die auf den Ebenen von Forschung und Lehre hineinwirken:

Musik: -praxis, -theorie, -wissenschaft, -geschichte, -ästhetik, -pädagogik, -psychologie, -soziologie, -anthropologie, -ethnologie...

Therapie: Philosophie, Psychologie, Medizin, Psychotherapie, Soziotherapie/ Sozialpädagogik/Sozialarbeit, Gesundheitssystem...

Auch hier muss ausgewählt werden, und zwar sinnvoll im Hinblick auf die Kompetenz des Therapeuten, seine handwerklichen Fähigkeiten und sein pragmatisches Wissen, aber auch seine Haltung, d. h. seine Philosophie, die Theorien mit denen er arbeitet und seine Ziele. Letztlich geht es um das Wohl und die Gesundheit des Klienten, und alle Interessen haben in diesem Dienst zu stehen.
Die Orientierung an der Tiefenpsychologie soll nicht einschränken und ausgrenzen. Sie soll beim grundlegenden Wissen moderner Psychotherapie ansetzen und von diesem Fundament aus ein Haus für Theorie und Praxis aufbauen, das den Ansprüchen für ein breites Spektrum an Indikationen und Arbeitsbereichen genügt. Dann steht die Arbeit mit musischen Elementen – mit Musikrezeption, Improvisation, Körperwahrnehmung, Atem- und Stimmarbeit, Bewegung usw. – im Einklang mit den seit über 100 Jahren immer umfassender und differenzierter erforschten und beschriebenen Ge-

setzmäßigkeiten der Psyche, mit der Dynamik des Unbewussten und seinen intra- und interpersonellen Manifestationen.

Auch für musiktherapeutische Ausbildungen erscheint der Kenntnisstand der Tiefenpsychologie empfehlenswert, und zwar in zweierlei Hinsicht. Zum einen vervollständigt das theoretische Wissen die psychotherapeutische Kompetenz, indem der Student eine Landkarte der bewussten und unbewussten Seele in die Hand bekommt. Dies ist aber nur wirklich sinnvoll, wenn die Handhabung dieser Karte auf einer eigenen Reise erprobt wird: in einer Lehrtherapie.

Hier findet eine von der Tiefe her klärende und reinigende Durcharbeitung der Persönlichkeit des künftigen Therapeuten statt, der dadurch das sich inszenierende Beziehungsgeschehen zwischen dem Klienten und ihm selbst besser zu durchblicken vermag – unabhängig davon, wie der einzelne Therapeut in seiner konkreten Praxis dieses Wissen handhabt. Die auftretenden Resonanzen, Übertragungen und Gegenübertragungen, Abwehr und Widerstände, in Abgrenzung von der Realbeziehung, zu erkennen, zu verstehen und den Umgang mit ihnen zu lernen, hilft sehr dabei, dem Klienten gegenüber liebevoll zugewandt zu sein und zu bleiben. Dies rechtfertigt einen angemessenen Aufwand. Ich werde mich bemühen, eine Sprache zu finden, die in allgemein verständlicher Form die Komplexität der Gesetzmäßigkeiten des Unbewussten deutlich und nachvollziehbar darstellt und im Hinblick auf die musiktherapeutische Arbeit beleuchtet.

In diesem Sinne soll das vorliegende Buch einen Überblick über die Bausteine für eine musiktherapeutische Lehre begründen, auf der Musiktherapeuten ihren Beruf sinnvoll erlernen und kompetent ausüben können. Die Mehrzahl der aktuellen Ausbildungen geht von einer tiefenpsychologisch orientierten Basis aus, welche durch die Möglichkeiten eines klientenspezifischen pragmatischen Eklektizismus ergänzt wird. Die Studenten haben mittlerweile – im Jahr 2004 besteht die älteste Musiktherapie-Ausbildung in Wien 45 Jahre! – das Recht auf ein Lehrbuch. Dieses fehlt, und das vorliegende Buch soll (und kann nicht mehr als) dafür Grundlagen schaffen und vielleicht auch schon so etwas wie ein Gerüst. Auf dieser Basis könnte, in einem nächsten Schritt, ein kompetentes Team spezielle theoretische Vertiefung und angemessene Fallbeispiele für die verschiedenen Arbeitsbereiche leisten und so, in nicht allzu ferner Zukunft, ein Lehrbuch der tiefenpsychologisch orientierten Musiktherapie realisiert werden.

Wessobrunn, im Dezember 2003

Tonius Timmermann

I. Die Stellung der Musiktherapie im Rahmen der Psychotherapie

1. Musiktherapie und Tiefenpsychologie

Tiefenpsychologisch orientierte Musiktherapie ist eine Form von Psychotherapie, in der Musik als Medium eingesetzt wird, um Menschen, die an verschiedensten seelischen Konflikten, Störungen oder Erkrankungen leiden, einzeln oder in der Gruppe, zu behandeln. Im Zentrum der Aufmerksamkeit steht der Musik erlebende und sich durch Musik ausdrückende Mensch als Klient (dies schließt den Begriff „Patient“ mit ein) sowie die Resonanz, die er im Therapeuten bzw. der Gruppe auslöst, mithin das Beziehungsgeschehen in all seinen Aspekten. Dabei wird ein umfassendes Repertoire an rezeptiven und aktiven musiktherapeutischen Angeboten, abgestimmt auf Indikation und Prozessmoment, angewandt und nach Möglichkeit verbal aufgearbeitet.

Die Geschichte der Psychotherapie ist im Grunde sehr alt und umfasst die verschiedensten Welt-, Menschen- und Seelenbilder in den Kulturen der Menschheit (vgl. Schmidbauer 1971). Das moderne Bild von der Psyche und ihren Erkrankungen entwickelte sich etwa im Zeitraum 1850 bis 1933 (die folgenden Ausführungen vgl. Ellenberger 1973, S. 95 ff.), als Ärzte nach Theorien und Therapien suchten für bis dahin nicht behandelbare psychiatrische und neurologische Erkrankungen und dabei das Unbewusste entdeckten. Während Mesmer mit dem sog. Magnetismus noch eine pseudophysikalische Theorie vertrat, setzte sich bei Puysegur bereits die Einsicht durch, dass hier psychische Kräfte wirkten. Sowohl Bernheim als auch Charcot betrieben Studien über Hypnose als (psycho-)therapeutische Intervention und beeinflussten Freud, der bei beiden als Hörer war, Charcot allerdings stärker, da er bereits eine Theorie entwickelte, die das Traumleben in Beziehung zum Wachzustand setzte.

Die entscheidende Erkenntnis war, dass es ein Unbewusstes gibt, das wie ein autonomes Kräftefeld wirkt. Psychotherapeutische Interventionen sind dann also Vorgehensweisen, mit denen man auf diese Kräfte in heilsamer Weise Einfluss zu nehmen versucht. Eine solche Einflussnahme setzt voraus, dass man einen Weg findet, Zugang zum Unbewussten zu bekommen. Welches Medium wählt man dafür? In der Musiktherapie selbstverständlich die Musik! Die ersten Psychotherapeuten experimentierten mit verschiedensten Wegen: mit klassischen tranceinduzierenden Techniken aus der Welt der

Wahrsager und Orakel wie das Schauen in Spiegel, Kristallkugeln, Wasser usw., mit automatischem Schreiben, Hypnose, Suggestion, Imagination und schließlich der Traumdeutung.

Janet schuf durch seine psychologische Analyse bedeutende Grundlagen für die Psychotherapie und war eine der Hauptquellen für Freud, Adler und Jung. Die Bedeutung des Unbewussten wurde schließlich weltweit bekannt durch deren Schriften und die ihrer Schüler. Den Erfahrungen mit Methoden der analytischen Psychotherapien, die gleichzeitig ein psychologisches und therapeutisches Forschungsinstrumentarium darstellen, verdanken wir die systematische Entwicklung der modernen Psychotherapie. Das bedeutet nicht, dass diese Methoden in ihrer klassischen Form noch alleinige Gültigkeit besitzen, dass alle Schlussfolgerungen richtig sind oder dass die Verschulung und Dogmatisierung, die von den Nachfolgern betrieben wurde, die Sache der Psychotherapie schnellstmöglich befördert hätte. Vielmehr gibt es heute eine Fülle theoretischer und methodischer Ansätze, die indikationsspezifisch und eklektisch angewendet werden können.

Eine erste wichtige Frage ist, inwieweit man Musiktherapie heute einer der vier Grundorientierungen in der Psychotherapie zuordnen kann und will, als da sind:

- tiefenpsychologisch
- humanistisch
- behavioral/verhaltenstherapeutisch
- systemisch/transgenerativ.

Dabei fällt auf, dass diese Einteilung zwar auf den ersten Blick eine saubere Unterscheidung ohne Überlappungen suggeriert, was sich allerdings bei näherer Betrachtung als Täuschung erweist. Die Entdeckungen der Tiefenpsychologie wirken in alle Bereichen hinein, auch wenn die vorgefundenen Phänomene nicht in allen Verfahren, Methoden, Techniken und Vorgehensweisen dieselbe Beachtung finden.

Was die *tiefenpsychologische Grundorientierung* anbetrifft, umfasst sie heute, ebenso wie die humanistische, eine Fülle von Ansätzen, im wesentlichen jedoch die analytischen Psychotherapien und die tiefenpsychologisch fundierte Psychotherapie respektive der psychodynamischen bzw. Fokaltherapie. Gemeinsame Basis ist die Betrachtung des Menschen als Produkt seiner Kindheitsgeschichte, die im allgemeinen von der Beziehung zu den Eltern geprägt ist, die die Lebensmuster positiv oder negativ programmieren. Während die analytischen Psychotherapien als Langzeittherapien mehr oder weniger stark in der überlieferten Tradition stehen und sich daran weiterentwickeln, beschränkt sich die tiefenpsychologisch fundierte Psychotherapie vor allem hinsichtlich nur begrenzter Verhaltensänderung, inhaltlicher Fokussierung, zeitlicher Begrenzung, fördert keine regressive Übertragungsneurose und zeichnet sich durch stärkere Aktivität und Direktivität des Therapeuten sowie den Einbezug edukativer, suggestiver und störungsspezifischer Elemente aus (Wöller/ Kruse 2001, S. 12 f.). Dadurch kommen Elemente aus anderen Grundorientierungen ins Spiel.

Die *humanistische Grundorientierung* bedeutet eine Erweiterung des Aktionsradius von Therapeut und Patient. In Verfahren wie Psychodrama und Gestalttherapie wird aktiver und körperbezogener Ausdruck und Erleben in Form von Rollenspielen, Körperarbeit, Wiederholung von Sätzen und diversen anderen Angeboten integriert, „Agieren" nicht als Widerstand, sondern als therapeutisch sinnvolle Möglichkeit betrachtet. Dies ist von großer Bedeutung für die Entwicklungen in der Musiktherapie.

Behaviorale, verhaltenstherapeutische Verfahren lassen die tiefenpsychologische Dimension der Vergangenheitsbewältigung meist außer Acht und konzentrieren sich auf das Hier und Jetzt, auf pragmatische, lösungsorientierte Änderungen im Verhalten auf der Basis der Lerngesetze. Danach entwickelt sich die Persönlichkeit aufgrund von Konditionierungen; erwünschtes Verhalten ergibt positive Resonanz (Lohn), unerwünschte negative Resonanz (Strafe). Entsprechend wird die Welt positiv bzw. negativ erlebt, und es werden Verhaltensweisen entwickelt, die dieses Welterleben wieder hervorrufen und bestärken. In der Psychotherapie sollen sich Symptome bessern oder beseitigt werden. Begriffe wie „lernen" und „üben" stehen im Vordergrund. Das bedeutet allerdings nicht, dass Beziehungsaspekte wie Übertragung, Gegenübertragung, Widerstand usw., die in jeder zwischenmenschlichen Beziehung mitschwingen, dabei nicht stattfinden. Wie sollte das wohl gehen? Umgekehrt ist es genauso absurd, selbst bei einer klassischen Psychoanalyse die Faktoren „üben" und „lernen" auszuklammern: natürlich „übt" sich der Patient darin, ohne Tabu auszusprechen, was ihm einfällt, und eine Analyse ohne Lernprozess und Verhaltensänderungen ist sicher nicht im Sinne des Erfinders.

Relativ neu sind Verfahren mit *systemischer Grundorientierung*. Der systemische Blick geht über den dyadischen (Mutter-Kind, Vater-Kind etc.) hinaus und blickt auf die Familie oder andere Systeme als ein Netzwerk von Beziehungen, die dann im Gesamtzusammenhang als Ganzes wahrgenommen und in ihrer Wirksamkeit erkannt werden können. Es handelt sich um eine überindividuelle Erweiterung des tiefenpsychologischen Denkens, dass sich mit dem Jung'schen Modell vielleicht am besten veranschaulichen lässt. Das Unbewusste umfasst bei Jung neben dem persönlichen Teil, der sich auf das individuelle Schicksal allein bezieht, ein überpersönliches, kollektives Unbewusstes. In einer Art Stufenmodell kann man sich diese Struktur etwa so vorstellen: die erste transpersonale Schicht, die das Persönliche gleichzeitig umfasst (im Sinne von Zugehörigkeit), stellt das Unbewusste der Familie oder Sippe dar, danach folgen die jeweils nächst größeren Einheiten wie Volk, Rasse, Menschheit, Gemeinschaft der lebenden Wesen, Erde, Kosmos als Ganzes. Wie mit systemischen Erkenntnissen therapeutisch umgegangen wird, mit welchen anderen Grundorientierungen in welchem Maße Verbindungen eingegangen werden, ist prinzipiell nicht festgelegt.

Wir sehen also: eine Orientierung an der Tiefenpsychologie bedeutet für die Musiktherapie nicht unbedingt die Festlegung auf eine bestimmte Grundorientierung, ein Verfahren oder eine Methode. Festgelegt sind wir – neben den Gesetzmäßigkeiten psychischer Dynamik – durch die das Medium Musik im weitesten Sinne, die diesem entsprechenden Möglichkeiten und deren Kompatibilität mit konkreten, auf den jeweiligen Klienten und seinen Prozessmoment bezogenen, therapeutischen Vorgehensweisen.

Struktur und Dynamik des Unbewussten in Verbindung mit der persönlichen Geschichte eines Menschen kommt beim therapeutischen Setting im Beziehungsgeschehen zwischen Therapeut und Patient bzw. der Gruppeninteraktion zum Ausdruck. Dieses Seelenbild wird in einer an der Tiefenpsychologie orientierten Musiktherapie als Hintergrund für das Erleben von Musik, für frei improvisierten und sonstigen musikalischen Ausdruck und musikalische Interaktion betrachtet. Von besonderer Bedeutung für die Musiktherapie sind außerdem entwicklungspsychologische Erkenntnisse, insbesondere die Ergebnisse der Säuglingsforschung bezüglich der frühen, präverbalen Interaktion. Diese sind im Einklang mit dem tiefenpsychologischen Kenntnisstand zu betrachten und zu integrieren. Sie werden später noch ausführlich behandelt.

Das Beziehungsgeschehen im therapeutischen Setting, insbesondere unter Beachtung der Aspekte Widerstand, Übertragung/Gegenübertragung und Realbeziehung, konnte als zentraler Heilfaktor nachgewiesen werden. Das

Fazit der Psychotherapieforschung lässt sich heute wie folgt formulieren: Nicht die Methode, die angewendet wird, ist das eigentlich Bedeutsame, sondern die Qualität der therapeutischen Beziehung (Czogalik 1988), was auch nicht weiter verwundert, weil das eigentlich schon immer charakteristisch für das Arzt-Patient-Verhältnis war. In diesem allgemeinen Sinne gilt das für verbale Psychotherapie ebenso wie für die Therapien, die mit künstlerischen Medien arbeiten. Im besonderen ist es allerdings entscheidend für die Wirkung, ob Medium und Methode nicht nur der Persönlichkeit des Therapeuten, sondern auch der des Patienten und seiner Problematik entsprechen, also einer speziellen Indikation gemäß gewählt werden (vgl. Timmermann 2004a).

2. Die aktuelle Situation im deutschsprachigen Raum

Die moderne Musiktherapie hat sich nicht aus der Psychotherapie, sondern aus musikästhetischen und musikpädagogischen Ansätzen entwickelt, die von Ärzten und Psychotherapeuten in ihrer therapeutischen Potenz erkannt und gefördert wurden. Die musiktherapeutische Tradition (vgl. Kap. II.3), die sich im Laufe der letzten fünf Jahrzehnte im deutschsprachigen Raum entwickelt hat, begann in Wien, wo in den 50er Jahren des vergangenen Jahrhunderts an der damaligen Hochschule (heute Universität) für Musik und Darstellende Kunst die Beschäftigung mit den amerikanischen und schwedischen Ansätzen begann. Editha Koffer-Ullrich begründete 1959 die erste musiktherapeutische Ausbildung im deutschsprachigen Raum. Insbesondere durch Alfred Schmölz entfaltete sich seit den siebziger Jahren dann eine musiktherapeutische Schule und Schulung, die sehr von maßgeblichen österreichischen Ärzten und Psychotherapeuten (vor allem Strotzka, Ringel, Gathmann, Hartmann und Rett seien hier genannt) mitgestaltet wurde. Sie bauten den medizinisch-psychologischen Teil des Studiums entscheidend mit auf (Joham 2000, Fitzthum 2003). Die Wiener Tradition als musikalisches Zentrum und Geburtsstadt der Psychoanalyse bildete hierfür ein geeignetes Klima, wobei von Anfang an tiefenpsychologische und behaviorale Ansätze friedlich coexistierten.

Beeinflusst wurde die Wiener Schule auch von den anthroposophischen Ansätzen, die sich aus dem Weltbild Rudolf Steiners heraus entwickelten und international an den entsprechenden Institutionen praktiziert und gelehrt wurden. Vor allem das sensible Lauschen auf Elemente der Musik wurde kultiviert und in die wissenschaftlich-klinische Praxis integriert. Dabei spielten das unterschiedliche Tonempfinden bei den Intervallen eine besondere Rolle und war bei vielen Musiktherapeuten der Pionierzeit in Wien eine Selbstverständlichkeit. Auch Instrumente der Anthroposophen, vor allem deren spezifische Leiern und Choroi-Flöten, wurden in der Wiener Schule der Musiktherapie verwendet (Fitzthum 2003, S. 47 f.).

In Deutschland fand eine sehr viel weniger homogene Entwicklung statt als in Österreich. Dies hatte nicht nur mit der deutschen Teilung nach dem 2. Weltkrieg und der ganz eigenen Entwicklung in der DDR zu tun, die vor allem durch Christoph Schwabe geprägt wurde. Im Westen Deutschlands setzte sich die Wiener Tradition in der praktischen klinischen und lehrenden Arbeit von Wiener Absolventen fort. Gleichzeitig kamen, vor allem im Norden, englische Schulen zum Tragen. Mary Priestley hatte in London einen explizit psychoanalytischen Ansatz entwickelt, während sich Nordoff und Robbins auf die Wirkung des schöpferischen Musizierens selbst konzentrierten.

Die „Orff-Musiktherapie" für behinderte Kinder vertritt einen lerntheoretischen Ansatz. Auch an sozialpädagogischen Fachhochschulen wurden entsprechende Konzepte entwickelt und unterrichtet. Ein tiefenpsychologischer Ansatz, der durch starke Einbeziehung des Körpers die Musiktherapie für die Arbeit mit frühen Persönlichkeitsstörungen, Psychosomatosen und Neurosen erschloss, wurde von Gertrud Katja Loos entwickelt und gelehrt.

Die humanistischen Verfahren, vor allem Psychodrama und Gestalttherapie, verbreiteten sich ab den 70er Jahren von Amerika aus im deutschsprachigen Europa und beeinflussten die Psychotherapieszene erheblich. Für die Musiktherapie spielen sie eine wesentliche Rolle, weil „Agieren", bislang ein unerwünschtes Widerstandsphänomen in der Psychoanalyse, zur positiven und authentischen Ausdrucksmöglichkeit aufstieg und in der Musiktherapie im Rahmen freier oder themenorientierter Improvisation oder musikalischem Rollenspiel ausdrücklich erwünscht war. Es ist also nicht erstaunlich, dass Musiktherapeuten, in Deutschland Isabelle Frohne-Hagemann, in der Schweiz Fritz Hegi, die Musiktherapie von der Gestalt- bzw. Integrativen Therapie aus verstanden und zu lehren begannen. Dabei möchte ich nochmals betonen, dass die humanistischen Verfahren eine Weiterentwicklung und Erweiterung tiefenpsychologischer Psychotherapie und ihrer methodischen Möglichkeiten darstellen, das Unbewusste spürbar und deutlich in den Raum zu stellen vermögen.

Sprichwörtlich tritt dies bei der systemischen Psychotherapie in Erscheinung, speziell wenn in Aufstellungen das Familienunbewusste als psychodynamisches Phänomen seine Wirkung zeigt. Auch hier ist es nicht notwendig, diesen Zugang als abgegrenzte Grundorientierung zu definieren, da es sich de facto um eine Erweiterung des Tiefenpsychologischen handelt. Die Vorgehensweisen sind noch relativ neu und werden im Rahmen dieses Buches noch nicht ausführlicher beschrieben (vgl. dazu Timmermann 2003), aber auch hier, wie überhaupt angesichts des sich ständig erweiternden psychotherapeutischen Behandlungsrepertoires, sind musiktherapeutische Aktivitäten zu beobachten, die auf eine Integration gerichtet sind.

Eine tiefenpsychologisch *orientierte* Musiktherapie muss sich dabei nicht auf die tiefenpsychologisch *fundierte* Psychotherapie festlegen, sondern kann in Offenheit gegenüber allen Grundorientierungen gemäß den Bedürfnissen von Klient und Prozessmoment ein Repertoire an Vorgehensweisen entwikkeln und modifizieren, das die heilsamen Techniken der Psychotherapie speziell musiktherapeutisch anwendet. Die Orientierung an der Tiefenpsychologie bedeutet die Anerkennung bestimmter Erfahrungen und Erkenntnisse sowie den daraus folgenden Sichtweisen. Es geht um eine Aufmerksamkeit für Grundprägungen eines Menschen und entsprechende repetitive Erlebens- und Verhaltensmuster, die im Schicksalsverlauf, speziell im Beziehungserleben und -verhalten zur Wirkung kommen. Diese bilden sich zwangsläufig auch in der Interaktion zwischen Klient und Therapeut bzw. im Kontext einer Gruppe ab und können so für den Klienten spürbar und bearbeitbar werden. Solche Inszenierungen finden prinzipiell unabhängig von Grundorientierungen, Methoden oder Medien statt.

Da in der tiefenpsychologisch *fundierten* Psychotherapie der Einbezug edukativer, suggestiver und störungsspezifischer Elemente ausdrücklich befürwortet wird (vgl. Wöller/ Kruse 2001, S. 12 f.), sind nach herrschender Meinung auch Elemente der behavioralen Grundorientierung im tiefenpsychologischen Kontext nicht mehr unerwünscht. Dadurch entsteht eine Freiheit, die, wenn sie nicht in unprofessionelle Beliebigkeit ausartet und den Widerstand des Klienten unterstützt, eine große Chance zur methodischen Flexibilität in sich birgt. In diesem Charakteristikum scheint mir auch die Zukunft der Musiktherapie begründet zu sein, wenn wir uns nicht unnötig festlegen.

Die „Kasseler Konferenz“ (1998), eine Art Dachvereinigung sämtlicher musiktherapeutischer Schulen und Verbände, arbeitet seit Jahren daran, in gegenseitigem Respekt, bei Wahrung der Differenzierungen und gleichzeitig wechselseitiger Befruchtung Kriterien zu entwickeln, die niemanden diskriminieren, aber auch eine Professionalisierung der Musiktherapie im Sinne einer Qualitätssicherung voranzutreiben, die uns einer berufsrechtlichen Anerkennung als Heilberuf näher bringt. Sie definierte Musiktherapie sehr offen als „eine summarische Bezeichnung für unterschiedliche musiktherapeutische Konzeptionen, die ihrem Wesen nach als psychotherapeutische zu charakterisieren sind, in Abgrenzung zu pharmokologischer und physikalischer Therapie".

Wir müssen zwar die verschiedenen psychotherapeutischen Schulen und ihre Abgrenzungsversuche voneinander zur Kenntnis nehmen, aber wir können uns sehr wohl auch auf die gemeinsamen Handlungs- und Wirkprinzipien (Röhrborn 1991, S. 342) konzentrieren und diese in Einklang mit den spezifisch musiktherapeutischen Möglichkeiten bringen.

Folgendes Bild soll verdeutlichen, was ich meine: Die Gesetze in den einzelnen Ländern können ruhig unterschiedlich sein, der Kultur, Geschichte und Mentalität des jeweiligen Volkes entsprechend. Die Menschenrechte als Rahmengesetzgebung allerdings sollten unabhängig von der Nationalität für alle Menschen gelten und allen Staaten als Orientierung dienen. Bei den Musiktherapeuten kann man ebenso eine breite Vielfalt an Schulen und Tendenzen tolerieren, es sollte aber auch einen Rahmen geben, in dem sich möglichst alle wiederfinden können. Dieser Rahmen ist gesellschaftlich abgesteckt durch das herrschende Gesundheitssystem, ohne diesem in allem huldigen zu müssen (vgl. Kap. II 1 c), aber in Anerkennung der Realität, dass die konkrete Klient-Therapeut-Beziehung in ihm stattfindet.

Das Gesundheitssystem handelt grundsätzlich im Einklang mit der universitären Forschung und Lehre, also auf der Basis der gegenwärtigen Wissenschaftsparadigmen, seinen Methoden und seiner Sprache. Diese Sprache muss eine gemeinsame sein, damit eine Verständigung zwischen all den Berufen innerhalb des Gesundheitssystems im Dienste des Klienten stattfinden kann. Dies gilt es bei der Schaffung gemeinsamer Kriterien für Ausbildungsstandards zu beachten.

3. Plädoyer für einen pragmatischen Eklektizismus

Der Begriff „Eklektizismus" hat für viele Menschen einen negativen Beigeschmack, weshalb er zunächst etwas näher betrachtet werden soll. In der

Philosophie sind die Eklektiker Denker, die Ergebnisse der Denkarbeit anderer dann übernehmen, wenn sie gründlich auf ihren Wahrheitsgehalt und Wert hin überprüft sind. Dies macht den Unterschied zum Synkretismus aus, der daher deutlich abgegrenzt werden muss. Im psychotherapeutischen Bereich muss beispielsweise strikt vermieden werden, die Methodik an die Widerstände des Klienten anzupassen und immer dann wahllos die Strategie zu ändern, wenn es schwierig wird: das wäre Synkretismus. Eklektisches Vorgehen wählt dagegen mit Bedacht und Konsequenz die aufgrund der spezifischen Indikation erforderlichen Mittel und Wege.

Wenn wir uns nochmals ganz allgemein die Situation des modernen Musiktherapeuten vor Augen führen, wird deutlich, warum man einen gewissen Eklektizismus im Grunde gar nicht umgehen kann. Schließlich ist es nicht sinnvoll, von der Musik ausgehend eine eigene psychotherapeutische Theorie zu entwickeln mit Krankheitslehre, Beziehungsmodell, Entwicklungspsychologie usw. Wir können jedoch sehr wohl beobachten und prüfen, welche psychotherapeutischen Theorien und Techniken sich auf welche Weise mit musiktherapeutischem Handeln verbinden lassen, wie mit dem Medium Musik eigenständige Vorgehensweisen im großen psychotherapeutischen Kontext entstehen und wie wir darüber hinaus durch musiktherapeutische Praxis und Forschung die Psychotherapie insgesamt bereichern können.

In der Psychotherapie ist Eklektizismus nichts Neues. In der Zeit vor der Entwicklung der Psychoanalyse war ein eklektischer Ansatz der ganz normale Standard (Sponsel 1995, S. 239). Für eine Integrative Psychotherapie, die für offenes, pluralistisches, methoden- und schulenübergreifendes Denken plädiert, bedeutet er „die Vereinigung oder Einbeziehung aller Ansätze, die entweder mit psychologischen Mitteln oder mit Medien, die die Seele direkt oder unmittelbar ansprechen, arbeiten“ (Sponsel 1995, S. 50 f.). Dies entspricht sowohl der Musiktherapie als auch der Alltagsrealität der meisten erfahrenen Psychotherapeuten. In einer für die Psychotherapieforschung nicht unerheblichen Studie heißt es: „Eklektische und richtungsübergreifende Therapien führen fast immer zu einer signifikanten Verbesserung der Hauptsymptomatik. Besonders für die ausdrücklich eklektischen Therapien sieht die Wirkungsbilanz im Kontrollgruppenvergleich recht eindrucksvoll aus“ (Grawe et al. 1994, S. 647).

Worauf wir m. E. hinarbeiten sollten, ist die Anerkennung der Musiktherapie als eigenständiges psychotherapeutisches Verfahren, dem ein auf das Medium Musik bezogenes reichhaltiges methodisches Repertoire zur Verfügung steht, aus dem sie situationsadäquat schöpft und modifiziert und dessen besondere Wirkungen sie erforscht und weiterentwickelt. Dazu benötigen wir eine theoretische Systematik, die sowohl musiktherapiespezifische als auch sonstige bewährte psychotherapeutische Bausteine sinnvoll integriert.

II. Musik und Therapie

1. Die Welt als Klang in Raum und Zeit: harmonikale Perspektiven

„Die Welt ist eine Einheit; sie ist nicht allein grob-materiell, sie ist aber auch nicht allein imaginär-geistig. Was man Materie nennt, kann in rhythmische Schwingung geraten, und das heißt dann Geist."

José Ortega y Gasset

Bevor der Mensch singt und musiziert, klingt die Welt. Der Klang ist ursprünglich in der Welt oder die Welt ist ursprünglich im Klang. Schöpfungsmythen der Völker erzählen davon, wie der Schöpfergeist die Welt in die Erscheinung und ins Leben atmet und singt und tönt bis hin zur modernen physikalischen Theorie vom Urknall: am dunklen Ursprung des Seins vermutet der Mensch eine akustische Vibration, und daher wird in den rituellen, ekstatischen und meditativen Techniken der Zugang zum Dunklen, Ursprünglichen, Unbewussten traditionell mittels Gesang, Trommelschlag und sonstigen musikalischen Betätigungen oder Erlebnissen gesucht. Wenn es in der Bibel heißt „Am Anfang war das Wort", bezieht sich dieses „Wort" auf den griechischen Logos, was gleichzeitig Rede und Geist heißt, also Klang und Bedeutung, sinnliche Erfahrung und Symbolisierung impliziert.

Uralte klangkosmologische und harmonikale Denkweisen entsprechen den Vorstellungen der wissenschaftlichen Avantgarde in der Physik, die in vielen Punkten weniger positivistisch erscheint als die Geisteswissenschaften. Ihre grundlegenden Vorstellungen von Materie gehen schon lange aus von den Gegebenheiten einer Körperlichkeit als Medium von Schwingungen, Träger von Informationen oder Referenz von Wissen (Nicklaus 1994, S. 238). Das Urphänomen aller Schwingungen, Rhythmen und Wellen lässt sich beschreiben als ein polarer Wechsel von Zusammenziehen und Ausdehnen, von Verdichten und Auflösen, von Systole und Diastole, den zwei Bewegungsgesten der Atmung und des pulsierenden Herzens, letztlich aller Lebensprozesse schlechthin. Der kosmogonische Prozess umfasst die zentripetale Verdichtung und Auskristallisation, die zur Ruhe kommende Materialisierung und Schwere schaffende Gravitation sowie die gegenläufige Kraft der zentrifugalen Ausweitung und Öffnung bis hin zur Auflösung. Der Ursprung des Seins bleibt geheimnisvoll, denn Schwingung bedarf eines Impulses. Dieser führt aus der Ruhe und Gleichförmigkeit in die Bewegung. Diese Bewegung wiederum ist charakterisiert durch Rhythmizität und Periodizität, also eine repetitive Struktur (Lauterwasser 2002, S. 27 ff.). Während Geräusch ein nichtperiodisches akustisches Phänomen darstellt, ist Klang immer gleichzeitig Rhythmus.

Klang als Urphänomen lässt sich nur weitergehend beschreiben, wenn wir seine Struktur untersuchen. Dieses geschieht mit dem grundlegenden pythagoreischen Monochordversuch, der in keinem guten Physikunterricht fehlen dürfte. Eine Saite wird in der Reihenfolge der ganzen oder natürlichen Zahlen geteilt, und auf diese Weise entsteht eine Analogie zur Natur- oder Obertonreihe, die als tatsächliches Phänomen in jedem Ton (Ausnahme: der künstlich erzeugte Sinuston) mitschwingt. Dabei stehen Raum und Zeit in einem umgekehrten Verhältnis zueinander: Wird der Raum weiter, verringert sich die Schwingungszahl und die Situation wird ruhiger; verengt sich der Tonraum, erhöht sich die Schwingungsfrequenz und die Situation ist erregt.
Diese Struktur der Ganzzahligkeit ist gleichzeitig ein in der Natur überall auftretendes Prinzip, man könnte von einem kosmischen Gesetz sprechen. Wiederentdeckt für die moderne Wissenschaft wurde die Harmonik durch Hans Kayser, der beispielsweise in seiner einführenden Schrift „Akroasis“ (1947) – zu deutsch: Welt-Anhörung im Unterschied bzw. als Ergänzung zu Welt-Anschauung – von der Physik ausgehend nachwies, „dass wir in den Schwingungszahlen der einzelnen Töne, vor allem aber in der Beziehung dieser Schwingungszahlen untereinander, ein Urphänomen des gesamten Weltgebäudes vor uns haben“ (Gebser 1975, S. 267). Eine Fülle von Belegen hierzu findet man in den Büchern von Rudolf Haase (1979, 1977, 1980), hier sei als markantes Beispiel nur die Quantenphysik von Max Planck erwähnt: Energie verändert sich immer in Quantensprüngen, d. h. in ganzzahligen Vielfachen des Wirkungsquantums. Harmonikale Forschung ist also Grundlagenforschung im wahrsten Sinne des Wortes. Diese Tatsache mag Architekten und bildende Künstler (teils bewusst, teils unbewusst) inspiriert haben, nach harmonikalen Gesetzen Tempel und Kathedralen zu errichten oder diese in Skulpturen und Bildern zu berücksichtigen. In der Musik ist diese Gesetzmäßigkeit evident, wobei es wohlverstanden auch in der Dissonanz harmonikal zugeht. Nur wenige Ausnahmen in der ethnischen und zeitgenössischen Neuen oder Experimentellen Musik weichen davon ab.

Man könnte somit von einer archetypischen (Timmermann 1987) oder archephonischen (Kirchhoff 1989) Struktur der Musik sprechen. Diese gründet im Einzelton mit seiner Obertonreihe, deren jeweilige instrumentenspezifische Konstellation „den Klang färbt“, d. h. die Klangfarbe ausmacht. Die Obertonreihe enthält die Intervalle in der Reihenfolge ihres Konsonanzgrades: je weiter weg von der Eins, desto dissonanter. Aus den Intervallen wiederum entstehen Skalen als Ordnungsstrukturen von Melodien bzw. melodischen Motiven und Akkorden, die z. B. die Tongeschlechter charakterisieren. Auch diverse Rhythmen und Rhythmuskombinationen kann man als musikalische Archetypen klassifizieren und erforschen, desgleichen musikalische Grundformen wie Glissando, Triller, kreisförmige Wiederholungen usw. Sie werden von Improvisierenden mehr oder weniger intuitiv verwendet, von Komponisten teilweise auch bewusst (Schneider 1996, S. 105 ff.).

Die harmonikale Perspektive begründet allerdings kein mechanistisches Wirkungsmodell, das Musiktherapeuten dann schematisch anwenden könnten. Die in musikalischen Zahlenverhältnissen schwingenden Stimmungen einerseits treffen auf verschieden gestimmte Seelen und Seelenmomente andererseits, und Wirkung ist immer Interaktion zwischen diesen beiden Polen. Bezeichnenderweise gibt es auch keine Studien, die objektive Wirkungen musikalischer Strukturen belegen. Dennoch ist es für Musiktherapeuten hilfreich, von dem oben beschriebenen archetypischen oder archephonischen Feld auszugehen, um das Phänomen Klang als therapeutisches Medium in seinen Grundlagen besser zu verstehen. Gleichzeitig sollte man berücksichtigen, dass auch die akustische Wahrnehmung des homo sapiens speziell im Hinblick auf sein Überleben auf diesem Planeten gefiltert und er somit disponiert ist für einen spezifisch beschränkten Schwingungsfrequenzbereich. Dabei lässt sich feststellen (Haase 1977), dass der Mensch die in ganzzahligen Proportionen schwingenden Intervalle bevorzugt. Dies geht so weit, dass wir mit der Zeit ein verstimmtes Instrument innerlich stimmen; man nennt das „Zurechthören“.

Für die Musiktherapie bedeutsam ist Kaysers Unterscheidung zwischen Tonzahl und Tonwert. Während „Tonzahl“ den quantitativen, objektiv gegebenen Ton bezeichnet, bezieht sich der „Tonwert“ auf den qualitativen Aspekt, also die subjektive spontane Wertung, die „den Akzent nicht auf das psychologisch anfechtbare Empfinden legt (da man dieses als bloße akustische Reaktion bezeichnen könnte), sondern auf das uns natürliche, weil eingeborene Werten“ (Gebser 1975, S. 271). Für die Wirkung kommen hier also zwei Komponenten in Betracht: die tiefere Erkenntnis hinsichtlich des zahlenmäßig begründeten Wertes und das subjektive psychische Erleben, dass für uns von spezieller Bedeutung ist, auch wenn es nicht unbedingt im Einklang mit einer grundlegenden Qualität sein muss.

Am Anfang der Wiener Musiktherapie-Ausbildung in den fünfziger Jahren des 20. Jahrhunderts standen Einführungskurse in das harmonikale Denken. Diese waren inspiriert durch den schwedischen Musiktherapeuten Pontvik (1955), der die Kayser'sche Harmonik mit der Jung'schen Tiefenpsychologie verband. Man betrachtete dies als mögliche theoretische Fundierung speziell der Verbindung von Musik und Therapie. In jedem Fall eignet es sich, ein Basiswissen über die Musiktherapie betreffenden Phänomene Schwingung, Klang, Rhythmus, über musikalische Gesetzmäßigkeiten und ihre Wirkung zu lehren und in einem größeren Zusammenhang verstehbarer zu machen. Gleichzeitig vermittelt es ein Bewusstsein für das Musikalische in der Welt als Schöpfung, als ganzheitliches System interagierender Teilsysteme. Es birgt daher philosophische und praktische Ansätze, welche die Musiktherapie mitbegründen können.

Ein oberflächlicher Harmoniebegriff, der Spannung und Dissonanz ausklammert und verdrängt, lässt sich allerdings daraus nicht herleiten. Harmonia ist in der griechischen Mythologie die Tochter des Kriegsgottes Ares und der Liebesgöttin Aphrodite (Timmermann 1989, S. 143 ff.). Wenn sie die Qualitäten von Vater und Mutter in sich aufnehmen will, muss sie diese beiden Kräfte, sowohl die männlich-aggressive (furchtbare-fruchtbare) Spannung als auch die weiblich-verschmelzende Entspannung im Fließgleichgewicht halten (Regulation). Für die Griechen lag höchstes Heil in dieser ganzheitlichen Form von Harmonie, die Einheit der Gegensätze als innerstes Wesen der Welt.

2. Musik im Leben des Menschen: musikanthropologische Perspektiven

Am Ursprung menschlicher Kultur begegnen wir sowohl praktischen Alltagsgegenständen als auch religiöser und künstlerischer Betätigung. Höhlenmalereien, Schmuck und Kultgegenstände, die Archäologen ans Licht gefördert haben, machen uns staunen. Mit der Musik ist es schwieriger, da jeder Ton unwiderruflich verklingt, und leider gibt es keine musikalischen Aufzeichnungen. Tonbänder waren noch nicht bekannt, nach Noten wurde nicht musiziert, lediglich Instrumentenfunde wie Knochenflöten sowie in archaischen Kulturen tradierte Instrumente, Musiken und Gesänge lassen uns ahnen, wie Musik vor einigen tausend Jahren einmal geklungen haben mag.

Es gibt verschiedene Theorien, wie Musik entstanden sein könnte (Revesz 1941, vgl. auch Rösing 1998, S. 75 f.). Die Nachahmungstheorie, vor allem unter Zoologen verbreitet, glaubt, dass der Mensch Laute aus der Tierwelt imitiert habe. Dies war sicher ein Element, aber nicht das einzige oder wesentliche. Eine andere These meint, in den Lallmelodien der Kinder sei der Ursprung zu finden, was insofern zweifelhaft ist, als Kinder ja bereits auf musikalische Äußerungen der Erwachsenen reagieren. Auch die Rhythmustheorie, die Musik aus rhythmischen Bewegungen herleitet, ist insofern nicht überzeugend. Die Theorie der Sprachmelodie leitet die Entstehung von Musik aus dem Akzentuieren und Intonieren beim menschlichen Sprechen her, was als Ursprungstheorie auch unzureichend ist. Aus dem Darwin'schen Ideenkreis stammt die biologische Lehre, dass Musik im Prinzip nichts anderes sei als Äußerungen des allgemeinen Lebensgefühls, insbesondere des sexuellen. Dem widerspricht die Tatsache, dass Vögel auch außerhalb der Paarungszeit singen und lautliche Äußerungen beispielsweise ebenso unter dem Einfluss des Spieltriebes stehen.

Interessanter, auch für Musiktherapeuten, erscheint mir die Ausdrucks- und Kontakttheorie. Das Bedürfnis, die Spannungen, die durch Emotionen und Affekte entstehen, in Lautäußerungen zu entladen, könnte den Impuls zum Musizieren erklären, der dann allerdings noch der Gestaltung bedarf, damit man von „Musik“ sprechen kann. In einer Radiosendung über „Ozeanische Musik“ war zu hören, wie eine Frau an der Bahre eines nahen Verwandten eine Totenklage anstimmte. „Dabei handelt es sich um einen von Text und Melodie her frei improvisierten Klagegesang. Ihre Stimme wird immer wieder von Schluchzern geschüttelt, aber sie singt immer weiter. Der Schmerz überwältigt sie nicht, da sie ihm eine Form geben kann, zum Beispiel über den Rhythmus. Der Atem ist die Phrasierung und die Trauer ihrer Seele der Inhalt des Liedes. Andere Frauen stimmen ein, auch sie sehr ergriffen, dann endet das Schluchzen allmählich, der Gesang wird ruhiger und klingt aus“ (Engert-Timmermann 1992, S. 6). Hier wird ein Prozess hörbar, der vom improvisierten spontanen Ausdruck eines emotionalen Zustandes zur musikalischen Gestaltung, zu Form und Ordnung in Musik und Seele führt.

Die Kontakttheorie von Revesz geht vom Kommunikations- und Verständigungsbedürfnis des Menschen aus. Dies ergänzt meines Erachtens nach die Ausdruckstheorie. Wir wissen nicht, inwieweit es in manchen menschlichen Situationen wie der oben geschilderten Totenklage primär auf den Ausdruck starker Gefühle ankommt oder inwieweit das Gefühl, dabei wahrgenommen zu werden, eine Rolle spielt. Im allgemeinen kann man wohl davon ausgehen, dass ein Gefühlsausdruck auch kommuniziert werden soll und so scheint mir sicher, dass das Spiel mit Tönen wesentlich deshalb betrieben wurde, weil es Ausdrucks- und Kommunikationsmöglichkeiten bot.

Erschütternde Lebensereignisse wie der Tod eines nahestehenden Mitmenschen oder Abgewiesenwerden in der Liebe sind die Wurzel von Toten- und Liebesklage, aber auch Freude und überschäumende Lebenslust lassen sich in der Musik lebendig und kraftvoll ausdrücken. Das Miteinandertönen, im Wechselspiel sich individuell abgrenzend und mit der Gruppe verschmelzend, vermittelt eine starke Selbst- und Gemeinschaftserfahrung. Beim Singen und Musizieren entsteht ein Gefühl von Zugehörigkeit und Getragensein in der Gruppe. Dies alles sind Aspekte einer psychosozialen Hygiene, die unentbehrlich ist für das Gleichgewicht, das Im-Einklang-sein, die Gesundheit einer Gruppe. Auch in den modernen Gesellschaften gibt es spezifische Umgangsweisen mit Musik im alltäglichen Leben (vgl. Rösing 1998).

Somit kommen Musikanthropologen übereinstimmend zu dem Schluss, dass Musik für die menschliche Gesellschaft nicht luxuriöser Zeitvertreib (Blakking 1973, S. 54), sondern unentbehrlich ist als Bestandteil menschlicher Selbstverwirklichung, Katalysator sozialer Vorgänge, Medium der Sensibilisierung und Sozialisation (Suppan 1984, S. 7).

In Anlehnung an Suppan soll folgender Überblick verdeutlichen, in welchen Lebensbereichen des Menschen Musik früher und heute konkret eine Rolle spielt:

1. *Mythologie und Religion*: in Liedern und Tänzen tradierte Mythen, Rituale, Zeremonien, Kult, Gottesdienst, Ekstase, Trance, Meditation
2. *Krankenheilung*: Rituale, Bewusstseinsveränderung, therapeutische Trance, Musiktherapie
3. *Arbeit und Versorgung*: Arbeitslieder, Energetisierung durch Rhythmus und Gesang, Singen für die Pflanzen, Steigerung von Arbeitsleistung und Konsum
4. *Pädagogik und Politik*: Lieder zur Enkulturation und Sozialisation (vor allem bei schriftlosen Völkern), politische Lieder und Musikwerke, Nationalhymnen, politische Zeremonien, Militärmusik
5. *Alltägliches Leben*: Wiegenlied, Erotik, Kampf, Jagd, Spiel, soziales Leben und Gruppenidentität

Hierbei erhebt sich für uns heutige Menschen natürlich die Frage nach dem Begriff „Kunst“, der in diesem Überblick noch gar nicht auftaucht, da er sich ursprünglich immer auf die praktische Verwendbarkeit bezieht. Ein Kunstbegriff im Sinne von „l'art pour l'art“ ist selbstverständlich nicht geeignet, die vielfältigen Aspekte der Musik im alltäglichen Leben und bei der Begegnung mit nichtalltäglichen Wirklichkeiten zu umfassen.

Das dreiphasige anthropologische Modell, demzufolge die Entwicklung vom Gebrauchsgegenstand über den geschmückten Gebrauchsgegenstand zum Schmuck verläuft, wurde bereits andernorts am Beispiel des Schlafliedes problematisiert (Timmermann 1994, S. 36 f.). Die Trennung in Funktion und Ästhetik bei der Musik kann nur von einem Theoretiker stammen, der den Beziehungsaspekt außer Acht lässt, was das Phänomen als Ganzes ad absurdum führt: Das Schlaflied entsteht aus der Innigkeit der Mutter-Kind-Beziehung und wirkt aus ihr heraus. Der Sänger auf der Bühne singt ein Schlaflied, bei dem einzuschlafen quasi beleidigend wäre.

„Kunst“ als ästhetischer Genuss und seine gesellschaftliche Dimension soll hier daher in den Hintergrund treten, ohne dass deren Bedeutung und kulturelle Leistung ungewürdigt bleibt. „Kunst kommt von Können“ betont den Leistungsaspekt, das Artistische, Geübte, Professionelle, „Kunst kommt von Künden“ dagegen Botschaft und Erkenntnis (Neumann 1987). „L'art pour l'art“ will die Kunst von allen Zwecken reinigen. Der Aspekt ihrer praktischen Nutzlosigkeit ist ja gerade heutzutage der Freiraum, der andere Dimensionen menschlicher Existenz beleben kann. Ursprünglich waren jedoch Kunst und Funktion eine vielschichtige Einheit. „Funktionale Musik“ dagegen, wie sie beispielsweise für Einkaufszentren hergestellt wird, hat keinen Kunstcharakter, weil das die Leute im allgemeinen entweder durch Faszination oder Abschreckung vom beabsichtigten „Eigentlichen“, nämlich dem Einkaufen, abhalten würde.

Der Schamane als wohl erste aus der Gruppe herausragende (männliche oder weibliche) Figur, ist Priester, Künstler und Heiler in Personalunion, vereinigt also die Bereich Religion, Kunst und Heilung in sich und inszeniert sie im Ritual. Neben Heilpflanzen und körperlicher Berührung sind es Tanz, Schauspiel, Kultobjekte wie Fetische, Masken, Gewänder, spezielle kultische Musikinstrumente, die Musik, die damit gemacht wird und die Gesänge, die dazugehörigen Mythen, Gedichte und Geschichten sind Elemente, die hierbei zur Wirkung kommen. In dieser Schicht sind die Wurzeln sowohl von

Kunst als auch von Heil-Kunst, von Psychotherapie als Kunst bzw. künstlerischer Psychotherapie zu finden.

Dabei lassen sich vier Ebenen unterscheiden, die in Schamanismus bzw. Kunst auftreten und deren Elemente heute psychotherapeutische Verwendung finden:

1. Aktion: Dramaturgie und Gestaltung von Ritualen, Berührung, Tanz, Schauspiel, Pantomime, Aktionskunst, Happenings, Film ...
– körper- und bewegungsorientierte Verfahren, Tanztherapie, Psychodrama, Ritual Movement, Spieltherapie ...

2. Objekt: Kultobjekte wie Fetische, Masken, Gewänder, Schmuck, Totempfähle, kultische Musikinstrumente wie Schwirrholz, Rassel, Trommel ..., Kunsthandwerk, Malerei, Plastik ...
– Kunst-, Gestaltungs-, Maltherapie ...

3. Musik: Schamanengesänge, Heilmusik mit spezifischen Rhythmen, Klängen und Liedern, Volksmusik, Kunstmusik, Popmusik ...
– aktive und rezeptive Vorgehensweisen der Musiktherapie, Musik in der Bewegungs- und Tanztherapie, z. T. im Katathymen Bilderleben nach Leuner, der Holotropen Therapie nach Grof, dem Malen zur Musik ...

4. Sprache: Mythen, Liedtexte, Geschichten, Gedichte, Romane ...
– verbale Verfahren bzw. verbale Anteile in primär nonverbalen Methoden, Poesie- und Bibliotherapie, Geschichten in der Therapie ...

In den heutigen therapeutischen Vorgehensweisen nähern sich die Bereiche Religion als Seelsorge, Kunst und Heilung also wieder einander an. Die Welt, als deren Teil der ursprüngliche Mensch sich erlebt, ist (bis heute) ein Mysterium, das ihm in der Musik als akustisches Schwingungsphänomen vielleicht am unmittelbarsten entgegentritt. Von jeher wird sie daher als Mittler zum Numinosen benutzt. Der Begriff „Kunst“ muss hierbei in einem sehr weiten Sinne begriffen werden. Wenn Beuys erweiterter Kunstbegriff mit seinem berühmten Satz „Jeder Mensch ist ein Künstler“ zitiert wird, soll dies beileibe kein Alibi für oberflächliche Attitude darstellen, sondern meint im Gegenteil Ernsthaftigkeit, Authentizität und existentielle Wandlungsbereitschaft, Lebenskunst als das Sicheinlassen auf Wesentliches.

3. Wurzeln und Entwicklung musiktherapeutischen Handelns: historische Perspektiven

Es ließ sich kaum vermeiden, dass wir im letzten Abschnitt bereits in die Geschichte der Verbindung von Musik und Therapie hineingeraten sind, indem wir der ursprünglichen Verknüpfung von Religion, Kunst und Heilung begegneten. Ein historischer Abriss der tiefenpsychologisch orientierten Musiktherapie umfasst eigentlich drei Perspektiven:

- die Geschichte der Psychotherapie im weitesten Sinne
- die Geschichte musikalischer Vorgehensweisen im Rahmen therapeutischer Maßnahmen
- die Geschichte der modernen Musiktherapie

Alle drei historischen Aspekte zu berücksichtigen würde den vorliegenden Rahmen entschieden überfordern. Die erste Perspektive, die Psychotherapie im allgemeinen, ist hier nicht unser Thema und, wie bereits erwähnt, andernorts hinlänglich dargestellt (vgl. z. B. Ellenberger 1973, Sponsel 1995, S. 19 ff.).

Auch die zweite Perspektive wurde schon früh ausführlich behandelt (Möller 1971, Möller 1974, S. 53 ff., Kümmel 1977). Dabei wird ausgegangen von weltweit verbreiteten Schamanen- und Medizinmannpraktiken, die in den Hochkulturen durch verschiedene Entwicklungen ersetzt werden. In der europäische Antike sind es insbesondere die Pythagoräer, aber auch Plato, Aristoteles, die Stoiker, Ptolemäus, Boethius, im Mittelalter beispielsweise Augustinus und Thomas von Aquin, in der Renaissance Agrippa von Nettesheim, während der Aufklärung Descartes und Kircher, die sich mit dem Thema Musik und Heilung beschäftigen. Im 19. und 20. Jahrhundert, als das Spektrum von musikpsychologischen Vorstellungen der Romantik bis hin zum naturwissenschaftlich orientierten Experiment reicht, gibt es weitere Ansätze in dieser Richtung. Allerdings – bei allem kulturhistorischen und bewusstseinsgeschichtlichem Wert – sind diese Ausführungen als Grundlage für zeitgemäßes musiktherapeutisches Handeln nicht wirklich befriedigend.

Für ein historisches Verständnis der modernen Musiktherapie ist ein Blick auf dessen eigentliche Wurzeln aufschlussreich (Timmermann 1994, S. 170 ff.), die von Fitzthum (2003) außerordentlich gründlich recherchiert wurden;

darauf werde ich mich im folgenden immer wieder beziehen. „Aus historischer Sicht kann schon jetzt festgestellt werden, dass die Musiktherapie nicht genuin aus dem einen oder anderen psychotherapeutischen Verfahren herausgewachsen ist, sondern dass die Pioniere aus einem musikalisch-ästhetischen oder musikalisch-pädagogischen Kontext stammten und erst im Nachhinein Theoreme aus Kunst, Psychologie, (Heil- und Kunst-) Pädagogik, Psychotherapie und Medizin miteinbezogen“ (ebenda S. 3). Die Spurensuche beginnt hier vor der Institutionalisierung im Wien und London der fünfziger Jahre. Die ersten Ansätze finden wir bei den Reformbewegungen (1890–1938) und der daraus resultierenden Wiederentdeckung eines natürlichen Körperbewusstsein (in etwa zeitgleich mit den Freud'schen Thesen zur Bedeutung der Sexualität), von Körperausdruck, Rhythmus und Improvisation.

Rhythmus und Körperbewegung sind uralte Elemente menschlicher Kultur. Das lateinische Wort „cultura“ bedeutet frei übersetzt die „Pflege von Körper, Seele und Geist“ und weist a priori auf die hygienische Komponente kulturellen Lebens hin. Die Befreiung des Körpers von den sprichwörtlichen Fesseln des Korsetts für Frauen bzw. einer allgemein einengenden Kleidung und Lebensweise war zu Beginn des 20. Jahrhunderts ein wichtiges lebensreformerisches Thema. Im Gegensatz dazu nämlich bewegten sich die Ausdruckstänzerinnen Isodora und Elisabeth Duncan und Mary Wigman auf der Bühne in fließende Gewänder und Tücher gehüllt und gewährten ihren Gefühlen freien Ausdruck.

Dore Jacobs brachte die Störung des menschlichen Gleichgewichts in der technischen Zivilisation auf den Punkt: „Überentwicklung von außengerichteter Aktivität, Verstand, willensmässiger Konzentration und Verkümmerung von Empfänglichkeit, Sammlungsvermögen, echter Erlebnisfähigkeit“ (Jacobs 1932/1983, S. 116). Ihre pädagogische Arbeit mit Körper und Bewegung, mit der sie dieser Entwicklung entgegenwirken wollte, war im Grunde therapeutischer Natur, eine Art Kulturtherapie, mit einzelnen Menschen zu vollziehen. Der Atem war für sie ein Spezialfall der Bewegung. Als frei fließende Bewegung des Lebendigen im Menschen wurde er auch von vielen anderen wiederentdeckt. So seien hier genannt: Leo Kofler, Volkmar Glaser, Ludwig Schmitt, Cornelius Veening und, in der Verbindung von Atem und Stimme für die Musiktherapie besonders interessant, Clara Schlaffhorst und Hedwig Andersen (1928/1950), später Ilse Middendorf (1987) und Herta Richter (Publikation 2005 geplant).

Was die musikästhetische Seite und die instrumentalen Wurzeln anbetrifft, muss hier Carl Orff genannt werden, der mit seinem elementaren Instrumentarium und Instrumentalspiel einen grundlegenden Beitrag zur Musiktherapie leistete, vor allem in den heilpädagogisch orientierten Formen, beispielsweise von Wilhelm Keller und Gertrud Orff. Auch Mimi Scheiblauer, die Heilpädagogik und musikalische Improvisation verband, soll hier zumindest genannt werden. Einfluss, auch über die dezidiert anthroposophische Musiktherapie hinaus, haben zudem Ansätze von Rudolf Steiner, über die von ihm entwickelte Eurhythmie und seine Gedanken zur Musik.

Der Rhythmiker Emile Jacques-Dalcroze (1865–1950) ist ebenfalls ein Pionier, dessen Arbeit an den Wurzeln der modernen Musiktherapie wirkt. Er studierte in Wien Orgel bei Anton Bruckner, bevor er sich der Pädagogik zuwandte. Er wollte bei seinen Schülern vor allem die wesentliche Voraussetzung des Instrumentalunterrichts sich entfalten lassen: die Musikalität. Durch Übungen mit Rhythmus und Körperbewegung ließ er bei ihnen zunächst ein elementares körperlich-sinnliches Verhältnis zur Musik entstehen. Er unterrichtete lange in Hellerau bei Dresden, einem Zentrum der damaligen Avantgarde.

Dort wirkte eine Zeitlang auch Heinrich Jacoby (1889–1964), ein Musikpädagoge, der die Musiktherapie nachhaltig beeinflusste. In seinen Büchern „Jenseits von begabt und unbegabt“ und „Jenseits von musikalisch und unmusikalisch“ entwirft er eine moderne Musikpädagogik, die letztlich auch stark kulturtherapeutisch motiviert ist. Ihm geht es darum, jene Blockaden zu beseitigen, die bewirken, dass ein Mensch sich „unmusikalisch“ fühlt. Bei den Künsten sei es so wie bei der Muttersprache: grundsätzlich kann sich jeder darin äußern, nicht nur Dichter und Schriftsteller. Dies ist die Basis der heutigen aktiven Musiktherapie. Jacoby selbst plädierte für eine Verbindung von instrumentalem Ausdruck und Therapie. Er war mit Psychologen und Psychoanalytikern befreundet, vor allem mit Adler, der die Zusammenarbeit von Künstlern, Psychotherapeuten, Erziehern und Seelsorgern für notwendig erachtete (Linke 1977, S. 54 f.). Die Wiener Ärzte und Psychotherapeuten Erwin Ringel und Peter Gathmann, beide aus der individualpsychologischen Schule von Alfred Adler, konnten diese Ansätze schließlich in die Wiener Musiktherapie-Ausbildung integrieren. „Unmusikalität“ war bei Jacoby Symptom einer durch Kindheitseinflüsse abhanden gekommenen Wahrnehmungsfähigkeit, die er durch seine Sinnesschulung wieder herstellen wollte. Ab 1926 arbeitete er mit Elsa Gindler zusammen, die seinen Ansatz um den körperlichen Ausdruck erweiterte. Die Verbindung von Körper,

Atem, Stimme und Instrumentalspiel als Ausdrucksorgane des Seelischen sind hier also bereits evident. Der Begriff „ganzheitlich", heute fast schon in Gefahr, als Modewort genervte Abwendung zu erfahren, ist hier noch jung und frisch. Da Jacoby als Jude 1933 in die Schweiz emigrieren musste, wo er nur unter großen Schwierigkeiten arbeiten konnte, erfuhr sein Werk nicht die Würdigung, die es eigentlich verdiente.

Alfred Schmölz (1921–1995), über viele Jahre Leiter der Wiener Ausbildung, betonte immer wieder seine Bedeutung, gerade in Bezug auf die Haltung, die Jacoby vermitteln wollte, das „Üben ohne Übung". Zu Beginn der Wiener Ausbildung hatte von Seiten des damaligen Präsidenten der Akademie, Hans Sittner, und der Musiktherapeutin Editha Koffer-Ullrich ein starkes Interesse an der Verbindung der Kayser'schen Harmonik (vgl. Kayser 1947 sowie die Schriften von Rudolf Haase) mit der Tiefenpsychologie C. G. Jungs bestanden, wie sie in den Büchern des schwedischen Pioniers der Musiktherapie Aleks Pontvik (1948, 1955, 1996) beschrieben wurde. Die Inspirationen, die von diesem Ansatz ausgehen, sind durchaus zu würdigen, allerdings fehlt die therapiepraktische Bezogenheit (vgl. auch Timmermann 1994, S. 106) und die Berücksichtigung der individuellen Erlebniswelt des Menschen und seiner sozialen Bezogenheit (Fitzthum 2003, S. 67).

Schmölz dagegen definiert Musiktherapie als ein „kreatives, emotionales und sozial-kommunikatives Übungs- und Erfahrungsfeld" (o. J., S. 129, Gathmann/ Schmölz 1991, S. 263 f.). Man könnte dies auch als „tiefenpsychologisches Üben" bezeichnen. Den Klienten gegenüber spricht man am besten von Probehandeln, experimentellem Handeln, Experiment oder einfach Ausprobieren. Schmölz empfiehlt, bei Improvisationen die Aufmerksamkeit nicht auf das musikalische Produkt, sondern auf die seelischen Befindlichkeiten im tiefenpsychologischen Sinne zu legen. Im musikalischen Dialog der Einzelmusiktherapie soll der Klient „Gelegenheit erhalten, das therapeutisch notwendige Risiko einer neu zu gestaltenden Partnerschaft einzugehen" (Schmölz 1983, S. 55 f.), um dann gestörte Beziehungen in seiner alltäglichen Umwelt korrigieren zu können. Musikalisch hilfreich sind hier das spontane Element, die spielerische Provokation und Überraschung, „Zuhören-können, Aufnehmen, Einfühlsamkeit, Zurücknehmen, Abwehren, Entgegnen, und schließlich – das oft ängstlich gemiedene und daher ungeübte, aber lebensnotwendige, bewusste Sich-auseinandersetzen-Wollen" (Schmölz 1988, S. 10). In der Gruppe bewirkt gerade die freie Improvisation und die nondirektive Haltung des Therapeuten beim Klienten, dass er auf sich selbst zurückgeworfen und so mit sich selbst konfrontiert wird. Dies löst – in individueller und gruppendynamischer Hinsicht – vielfältige Erlebnisse und Entwicklungen aus, und der Klient übt sich in Selbstwahrnehmung und Ausdruck (Schmölz o. J., S. 130).

Neben der Verbindung von Musikpädagogik (Jacoby) und Tiefenpsychologie (Adler) wirkten auch andere Ansätze im Rahmen der Wiener Schule. Die Verbindung der Kayser'schen Harmonik mit der Jung'schen Tiefenpsychologie gehörte zu den theoretischen Grundlagen. Anthroposophisches Gedankengut, insbesondere die sensible Verwendung musikalischer Elemente wie Einzelton und Intervalle, floss ein. Es entstand 1959 die erste Institutionalisierung der Musiktherapie im deutschsprachigen Raum in Wien. Im Rahmen der integrierten Ausbildung an Musikhochschule und Universität verbanden sich musikalische Ansätze mit dem modernen medizinischen, psychologischen, psychotherapeutischen Wissensstand, um Musiktherapeuten für ein breites Spektrum an Indikationen auszubilden.

Seit 1968 wendet Christoph Schwabe in der DDR seine Methode der Regulativen Musiktherapie (1979) als psychotherapeutisches Trainingsverfahren an, welches auf die Beseitigung psychovegetativ bedingter Fehlspannungen sowie auf die Entwicklung und Differenzierung der ästhetischen Erlebnis- und Genussqualität abzielt. Es handelt sich um eine rezeptive gruppentherapeutische Vorgehensweise, die sich in den achtziger Jahren zu einem tiefenpsychologischen Verfahren entwickelte. Es geht von einer akzeptierenden Selbstwahrnehmung aus, die mehr und mehr differenziert und verbalisierbar wird. Gleichzeitig werden bewusst Trainingsstrategien eingesetzt, die auch außerhalb der Gruppe angewendet werden können (Schwabe 1996; Schwabe und Röhrborn 1996). Auch hier also lösen sich in der Musiktherapie scheinbare Widersprüche zwischen Tiefenpsychologie und Übung in integrativer Weise auf.

In England erschien 1975 das erste Buch von Mary Priestley (deutsch 1982), in der sie ihre Erfahrungen mit Analytischer Musiktherapie beschrieb. Ein Jahr später veröffentlichte sie unter diesem Titel ihre Vorlesungen am Gemeinschaftskrankenhaus Herdecke. Auf Initiative von Johannes Th. Eschen und Hans-Helmut Decker-Voigt wurde dort von 1978 bis 1980 ein Mentorenkurs abgehalten, der Impulse für die musiktherapeutische Ausbildungslandschaft in Deutschland geben wollte. Nach den Wienern begann nun eine zweite Absolventengruppe ihren Einfluss auszuüben, die ebenfalls tiefenpsychologisch bis psychoanalytisch orientiert war. Priestley definiert die Analytische Musiktherapie als eine Methode, „das Unbewusste auf dem Weg des klanglichen Ausdrucks mit Hilfe eines analytischen Musiktherapeuten zu erforschen..." mit der Absicht „...maximale Energie für die Erfüllung der wesentlichen Lebensziele des Klienten freizusetzen" (1982, S. 14). Die musiktherapeutische Beziehung, die wir später noch genauer betrachten werden, wird im wesentlichen auf der Basis der Psychoanalyse beschrieben.

Für die deutsche Entwicklung sehr einflussreich ist auch Gertrud Katja Loos, die Musiktherapie aus ihrer Arbeit vor allem mit frühgestörten Patienten heraus definiert als „erlebnisorientierte, tiefenpsychologisch fundierte Behandlungsmethode, die mit Musik oder deren Elementen ...in frühe persönliche und transpersonale Bereiche einzudringen vermag. So werden extraverbale Schichten des Unbewussten berührt. In regressiven Prozessen können Traumata aus vorsprachlicher Zeit wiederbelebt und somit bearbeitet werden – durch korrigierende Erfahrung und Verbalisierung" (Loos 1986). Ebenso wie Strobel (1999) und Timmermann (1994) ging es Loos auch um eine Einbeziehung des Körpers in die Musiktherapie auf tiefenpsychologischer Basis.

In der Schöpferischen Musiktherapie, einer von Nordoff und Robbins (1986) für behinderte Kinder entwickelten Form, steht der eigene Wille und das eigene Gefühl des Kindes im Zentrum. Dies soll durch freie musikalische Improvisationen ausgedrückt und, so wie es ist, vom Therapeuten bedingungslos akzeptiert werden. Dieser Ansatz steht der klientenzentrierten Therapie nahe (Smejsters 1994, S. 69 ff.) ebenso wie die Orff-Musiktherapie nach Gertrud Orff (1985).

Weitere humanistische Impulse flossen in die Musiktherapie ein. Fritz Hegi, Jazzmusiker und Gestalttherapeut, behandelt vor allem die Rolle der freien Improvisation und betont die Wichtigkeit des Spontanen, um zu vermeiden, dass „unangenehme Gefühle, Einsichten, Gedanken und Phantasien hinter der Fassade musikalischer Floskeln und präsentierfähiger Klischees versteckt werden" (1986, S. 157). Die fünf in der Gestalttherapie benannten Kontaktstörungen (Introjektion, Projektion, Retroflektion, Defektion und Konfluenz) wendet er auf die Musiktherapie an und schildert anhand von Beispielen, wie sie sich in der musikalischen Improvisation abbilden können. Ihre Wurzeln in der Gestalttherapie hat auch die von Isabelle Frohne-Hagemann (1990) maßgeblich entwickelte Integrative Musiktherapie als Methode der Integrativen Therapie nach Petzold, einem tiefenpsychologischen und psychodynamischen Verfahren mit einem phänomenologischen und tiefenhermeneutischen Ansatz. Die grundlegenden Vorgehensweisen der

Musiktherapie werden hier vor dem entsprechenden metatheoretischen Hintergrund angeboten und gedeutet.

Wolfgang Strobel, Psychiater, Psychoanalytiker und Musiktherapeut dokumentierte 1978 den damaligen Wissens- und Forschungsstand ausführlich. Später gestaltete er aus rezeptiven und archetypischen Ansätzen (Timmermann 1983, 1987, 1989) eine eigene tiefenpsychologisch orientierte, rezeptive Methode, die sich dem Unbewussten mit tranceinduzierenden Wirkungen elementarer Klänge und Rhythmen näherte (1999).

Auch Langenberg (1988) geht von der Psychoanalyse aus, die sie in der Musiktherapie um die Handlungsmöglichkeit erweitert betrachtet. Im musikalischen Tun findet der Klient einen Weg, den Sinn dessen zu verstehen, was nach Ausdruck drängt. Niedecken (1988) will einen Brückenschlag zwischen Musikwissenschaft, Ästhetik und Psychoanalyse schaffen. Die musikalischen Improvisationen des Klienten machen nur Sinn in Anbetracht der Beziehung zum Therapeuten, in der sich die Reinszenierung und Bearbeitung traumatischer Kindheitssituationen vollziehen kann. Tüpker (1988) betont in ihrem morphologischen Ansatz, dass in der Musik unbewusste Aspekte der Wirklichkeit sinnlich erfahrbar werden und sich umbilden können.

Die Ansätze aus dem Musischen/Musikalischen und die Ansätze aus dem Psychotherapeutischen vereinigen sich heute schließlich in der Musiktherapie zu einem integrierten Ganzen: der modernen Musiktherapie. Bei all den genannten Autoren und anderen Musiktherapeuten, sofern sie in Seminaren oder Schriften veröffentlichen, was sie tun, kann man dazulernen und im guten Sinne des Eklektizismus Vorgehensweisen modifizieren und in den eigenen Arbeitsstil integrieren.

4. Die besonderen Qualitäten des Nonverbalen und des Spiels

Musiktherapie gilt als „nonverbale Psychotherapie“. Dies stellt bereits ein wesentliches Faktum für die Indikation dar. Wo Sprache aus Alters- oder Krankheitsgründen nicht oder nur eingeschränkt möglich ist, kann nur das Nonverbale Mittel der Wahl sein. Wo sie möglich und sinnvoll ist, hat sie auch in nonverbalen Therapieformen ihren Platz. Um die besondere Qualität des Nonverbalen zu erkennen, bedarf es zunächst der Beschäftigung mit dem Phänomen „Sprache“, das ja eng mit dem Menschen und seiner Entwicklung verbunden ist. Der Mensch ist scheinbar das einzige bekannte Lebewesen, das Sein mittels Sprache reflektieren und kommunizieren kann. Sprache ist für die Entwicklung des Menschen von herausragender Bedeutung. Gleichzeitig hat das Sprachliche aber auch für den Menschen seine Grenze, denn Seinserfahrung ist nicht an Sprache gebunden. Sprache drückt das aus, was auch jenseits von ihr existiert. Der Mensch verfügt über die Möglichkeit, Seinserfahrung mittels Worten zu bezeichnen, zu beschreiben, zu kommunizieren. Das Wort als Zeichen weist auf etwas hin, was über das Zeichen hinausgeht.

Die frühen Erfahrungen des Menschen sind vorsprachlich und werden nichtsprachlich gespeichert. Der Säugling ist bereits ein Virtuose des Paralinguistischen, wenn er den Stimmklang seiner Mutter aus Tausenden von Stimmen heraus erkennt. Jenseits des semantischen Wortsinnes spürt er in der Mutterstimme und den Stimmen anderer früher Bezugspersonen deutlich emotionale Botschaften: ob er willkommen ist oder nicht, geliebt wird oder nicht, ob man sich für ihn interessiert oder nicht usw. Diese tiefe Beziehung zwischen Sprache und Klang lässt sich etymologisch erahnen durch die Verwandtschaft von „Sprache“ mit dem altisländischen und schwedischen „spraka“, was „knistern, prasseln“ bedeutet und auf das Lautmalerischen des Sprechens hinweist (vgl. Duden VII, 1963). Sprechen als „Lautmalen“ bildet lange vor der Erfindung der Schrift eine akustische Semiotik, den geistigen Prozess einer Symbolisierung der Seinserfahrung des Menschen auf der Ebene des Klanges.

Die Künste entstehen primär aus dem reinen Schauen, Hören, Fühlen, Begreifen. Ästhetik ist Erziehung durch die Sinne: Musik, Malerei, Tanz usw. sind Sprachen ohne Worte, semiotische Systeme, deren interpretatorisches Spektrum – wie bei der Sprache letztlich ja auch – von Eindeutigkeit bis Vieldeutigkeit, von persönlicher und kultureller Besonderheit bis hin zu archetypischer Allgemeinheit reicht.

Für Musiktherapeuten scheint mir die Unterscheidung zwischen linguistischer und nichtlinguistischer Sprache besonders wichtig. Die gesprochene Sprache (lat. „lingua“ heißt „die Zunge“) wird mittels der Sprechwerkzeuge des Mundraumes artikuliert und umfasst über die Semantik hinaus: Stimmklang, Tonhöhe, Lautstärke, Sprachrhythmen sowie Gestik, Mimik, Körperhaltungen und -bewegungen. Diese paralinguistischen Faktoren sind von erheblicher Relevanz für alle Therapieformen, auch solche, die primär mit dem Wort arbeiten – Freud sprach hier von der „Redekur“. Der Linguist Whorf (1964) bezeichnet Musik als eine spezielle Form der Sprache, da sie gleicher Abstammung wie die Wortsprache sei und den gleichen, im universellen Sinne grundlegenden Strukturschemata entspringe. Man könnte auch sagen, Musik und andere Formen der Künste sind Ausdruck einer universellen oder archetypischen Grundstruktur von Systemen, die in symbolisierter Form Mitteilung und Austausch ermöglichen. Die verschiedenen Formen künstlerischen Ausdrucks kann man jedenfalls als nichtlinguistisches Sprechen auffassen. Die nonverbalen psychotherapeutischen Verfahren (vgl. Timmermann 2004a) arbeiten mit dem Leib als beseeltem Körper in Ruhe und Bewegung. Sie beziehen sich direkt oder indirekt auf den Atem als Träger des Seelischen. Die künstlerischen Psychotherapien ermöglichen Erleben und Ausdruck über Musik, Tanz, Farbe und Form. Auf dieser Ebene ist das zentrale therapeutische Angebot, in Kontakt zu kommen mit Schichten jenseits des durch Sprache Mitteilbaren, Ausdrückbaren, Bearbeitbaren.

In der Therapie ist Sprache, wenn sie nicht alters- oder krankheitsbedingt inadäquat oder verhindert ist, eine Brücke zwischen dem Unsagbaren und dem Sagbaren, dem sprachfreien Erleben und der sprachfähigen Mitteilung. Darüber hinaus hat das Wort in Klang und Semantik eine Wirkkraft, wenn es zur rechten Zeit gewählt und in der rechten Weise ausgesprochen wird. Das Wort ist aber auch ein über sich selbst hinausweisendes Symbol. Der Finger, der auf den Mond zeigt, ist nicht der Mond. Das Eigentliche, Wesentliche findet der Mensch jenseits der Worte.

Ein Kind will nicht „über" etwas reden, sondern spielenderweise die Wirklichkeit im Tun teilen. Sprache dient dabei, und zwar der Orientierung. Und der erwachsene Mensch? Schiller meinte, auch er sei nur da ganz Mensch, wo er spielt.

Das Spiel ist älter als die menschliche Kultur. Man kann es bereits in der Tierwelt beobachten. Es ist die prärationale Wurzel aller Kultur, ein Impulsen folgendes und Impulse gebendes Element, das den Menschen aus der Natur heraus zur Kultur führt und ihn dort in seinen Entwicklungen weiterhin begleitet. Das kreative Spielen schließt den Menschen an seine ureigensten schöpferischen Qualitäten und Ressourcen an und schafft eine tiefe Verbindung mit der Quelle von Selbstregeneration und Im-Einklang-sein. In der Spielaktivität ist der Gegensatz Spiel-Ernst immer enthalten, in der Schwebe, wobei sich das Gewicht mal auf diese, mal auf jene Seite verlagern kann (Huizinga 1994, S. 16). Der Ernst des Spielens ist nicht nur mit der Freude verbunden, „sondern verinnerlicht die Freude und verwandelt sie in Glück" (Buytendijk 1973, S. 108).

Das Spiel braucht einen Raum: den „Spiel-Raum". Zwischen den Gesetzen, die dem Sein Struktur verleihen, gibt es „Spiel". Bei Heidegger ist dies ein wesentlicher Begriff. Der Spielraum zwischen Nichts und Etwas gibt Freiraum zum Scheiden, Unterscheiden, Entscheiden. „Das ist sein numinoser Spielraum, der es ihm erlaubt, das Wunder, dass es da überhaupt etwas gibt, als Wunder zu erleben... Dasein bedeutet: in diesem Spielraum, in dieser offenen Weite zu existieren. Das Rad kann sich drehen, weil es an der Nabe „Spiel" hat – ebenso ist das Dasein in Bewegung, weil es „Spiel", d. h. Freiheit hat" (Safranski 2001, S. 206). Dieses „Spiel" ist die Chance zu Evolution. Es ermöglicht das offene System, das weiterlebt und sich weiterentwickelt, weil es nicht eingesperrt ist in Gesetzmäßigkeit, sondern darin eingebunden eben „Spiel" hat. Das sog. Lipp'sche Gesetz der Ästhetik (Haase 1959) ergibt sich aus dem Phänomen, dass der Mensch beispielsweise eine Vase als „schön" empfindet, wenn sie in ihren Maßen ganzzahligen Proportionen entspricht – und dann geringfügig von diesen abweicht, so, als sollte sie „schwingen" im Spielraum der zahlenmäßigen Ordnung.

Die Natur hat „Spielraum" und damit Vielfalt. Jeder Mensch sieht anders aus, jedes Buchenblatt und jeder Stein. Aber der Spielraum bezeichnet auch eine Grenze, einen abgesteckten Rahmen, einen begrenzten Raum, auf der sich das Spiel abspielt: einen Spielplatz, einen Spieltisch, ein Spielbrett, eine Bühne, eine Arena, einen Tempel. Ohne eine solche Begrenzung hat das Spiel keine Kraft, keine Spannung, keinen Sinn. Es verläuft sich und zerfließt. Im abgegrenzten Spielraum ist die alltägliche Wirklichkeit aufgehoben. Ihre Gesetze und Gebräuche gelten nicht mehr. Die Spieler unterliegen einer besonderen Ordnung. Geschützt durch die Grenze sind sie darin eingebettet als zugehöriger Teil eines größeren Ganzen. „Spiel" ist also der Zwischenraum zwischen Grenzen. Ein tiefenpsychologisch orientiertes psychotherapeutisches Setting wird diesen Freiraum zunächst möglichst groß lassen: beispielsweise die Psychoanalyse mit der freien Assoziation, die Musiktherapie mit der freien Improvisation – „Spielräume", in denen etwas „einfallen" kann.

„Spiel" ist der Raum für Lebendigkeit, Entfaltung, Fülle und Erfüllung, wenn der Mensch ihn mit sich und seinem Sinn füllt. Die therapeutische Dimension des Spiels wird dann notwendig, wenn verwundetes und reduziertes Leben das Fließgleichgewicht stört und blockiert. Die therapeutische Potenz des Spiels entfaltet sich dabei sowohl in der Freiheit als auch in der Regel. In der Freiheit des Spiels kann das eigene Gebundensein an bestimmte Muster des Erlebens und Handelns erfahren werden – aber auch seine

Wandlung im Fluss der Zeit. Ausdruck und Begegnung über Musik und Bewegung ist nie statisch, sondern prozessual und transformativ. Im authentischen und schöpferischen Handeln wandeln sich Gefühle, Einstellungen, Verhalten – oft absichtslos. Heilsam ist gerade das Nicht-Ausgerichtetsein auf Ziel und Zweck im Augenblick des Spielens. Die Hingabe an die Wirklichkeit, wie sie sich zeigt, führt zu Ausdruck und Gestaltung dieses Erlebens, wie immer es von innen her entsteht.

Spielregeln bilden sich mit der Zeit heraus, wo immer der Mensch spielt. Sie geben Orientierung, Halt und Geborgenheit, konfrontieren aber auch mit Grenzen. Nicht zuletzt bieten sie im therapeutischen Rahmen Gelegenheit, im Probehandeln spielenderweise mit neuen Erlebens- und Verhaltensmöglichkeiten zu experimentieren. Strukturierte und strukturbildende therapeutische Angebote ergänzen als Anregungen von Außen die im angemessenen Freiraum von Innen her auftauchenden Impulse und Prozesse.

5. Die besonderen Qualitäten der Musik als Medium in der Therapie

Was ist nun dabei das Spezifische am Medium „Musik" und seiner Rolle im Konzert der therapeutischen Möglichkeiten?

Musik ist eine Wahrnehmungs- und Erlebensmöglichkeit, in der sich der Lebensprozess und seine Dynamik in vielfältigen Analogien und spürbaren Mustern abbildet. Worte wie Stimmung, Harmonie, Resonanz usw. bezeichnen musikalische Phänomene und sind gleichzeitig Schlüsselbegriffe intra- und interpsychischen Lebens. Ausdrücke wie „die erste Geige spielen wollen" für dominantes, „auf die Pauke hauen" für aggressives Verhalten oder auch „zartbesaitet" für ein sensibles Temperament sind nur drei Beispiele für an der Musik orientierte Sprachbilder, die sich in der Musiktherapie oft verblüffend real und deutlich inszenieren können.

Musik ist ein flüchtiges Medium. Ein Ton erklingt und verklingt. Unwiderruflich. Derselbe Ton ist ein neuer Ton. Im Unterschied zum Bild, das man aufheben kann, der berührenden Hand, die lange verweilt, ist der Ton ein Gast, der nur kurz bleibt. Musik ist Bewegung. Bewegung fließt. Dies betont die Prozesshaftigkeit, das Wandelbare des Geschehens. Und dies ist auch gleichzeitig die Chance. Veränderung geschieht im Geschehen.

Musik kann zwar allein betrieben werden, sie ermöglicht jedoch vor allem Zusammenspiel, Dialog, Antwort, Rede und Gegenrede, Vereinigung und Gegensatz, Miteinanderverschmelzen und Gegeneinanderabgrenzen, zu zweit oder zu zwölft. Auf der akustischen, klanglich-rhythmischen Symbolebene kommt es zur zwischenmenschlichen Begegnung mit all ihren angenehmen und unangenehmen Variationen. Diese Situation birgt ein großes psychotherapeutisches Potential.

In der Musiktherapie kann man ein Erleben des Atmosphärischen in den frühen Stadien menschlicher Existenz in nahezu idealer Weise ermöglichen: durch Getragensein im Rhythmus, Genährtwerden durch Klänge, Stützen und Haltgeben, Trösten und Wiegen im frei improvisierten musikalischen Dialog. Die Haltung ist eine gewährenlassende Anwesenheit inclusive einer Bereitschaft, mit Stimme oder Instrument mitzuschwingen, Resonanz zu geben oder auch Kontrapunkte ertönen zu lassen. Auf der Basis einer dabei allmählich sich entwickelnden Vertrautheit im Rahmen der therapeutischen Beziehung wird nach und nach der körperlich-stimmlich-musikalische Ausdruck starker, bislang verdrängter und tabuisierter Gefühle möglich: Trauer, Schmerz, Angst und Wut. Gleichzeitig kann jedoch das Erleben von Geborgenheit, Lust und Freude im Spiel erlebt und dargestellt werden.

Noch einmal zum Zeitaspekt im musikalischen Geschehen: er ermöglicht ein Mitgehen mit den Wandlungen, ja die Wandlung selbst: der Ausdruck der Wut wird zum Ausdruck der dahinterliegenden Trauer, das Annehmen und Gestalten der Trauer schafft auch wieder Raum für die sonnigen Seiten des Lebens. Vergangenheit wird Gegenwart, und Gegenwart wandelt sich so, dass wieder Perspektiven für die Zukunft erlebt und in das tägliche Leben transferiert werden können.

Musiktherapeuten suchen dem Klienten auf der musikalischen Ebene mit intuitivem Verständnis zu begegnen, zunächst im Sinne einer Mutter, die den lautmalerischen Ausdruck ihres Kindes durch Einfühlung versteht und darauf reagiert. Wenn die frühen Bezugspersonen aufgrund ihrer eigenen Kindheitserfahrungen diese Fähigkeit nicht hinreichend zu entwickeln vermögen, wird dieses Kontaktproblem oft weitergegeben. Wieder erleidet ein Kind Mangel an adäquater Beziehung und wird in seiner gesunden Entwicklung gestört. Das Musik-Spielen für die Klienten im geschützten Rahmen hat nährende Funktion im Sinne der „symbolischen Fütterung“ (Rudolf 1996, S. 19) und ist, wie bei vielen Patienten mit frühen Störungen, in der ersten Therapiephase von besonderer Bedeutung.

Das *mütterliche Element*, das Schutz, Geborgenheit, Gehalten-, Versorgt- und Genährtwerden beinhaltet, wird hier auf der musikalischen Symbolebene erlebt. Das noch ganz kleine Kind darf sich umsorgen lassen, es muss noch keine Gegenleistung erbringen. Es ist – so wie es ist – willkommen und wird liebevoll mit Klängen und Rhythmen versorgt. Dazu kommen in der Einzeltherapie die musikalischen Dialoge als spielerische nonverbale Kommunikation, als Spiel mit Nähe und Abgegrenztheit, aus dem heraus sich ein eigenes Selbst entfaltet. Auch eine therapeutische Gruppe kann im gemeinsamen Spiel wie eine „gute Mutter" wirken. Gemäß den Vorerfahrungen können sich jedoch auch ihre negativen Aspekte konstellieren – und dann wird eine Bearbeitung möglich.

Das Thema „Autonomie" kommt in der Begegnung mit den *väterlichen Themen* zur Wirkung: Grenzsetzung und Grenzüberschreitung, der Weg aus dem schützenden Mutterfeld heraus in Autonomie und eine manchmal auch laute und dissonante Realität, Konflikt und Auseinandersetzung, die allmähliche Übernahme sozialer Kompetenz und Verantwortung. Sich auf Spiel-Regeln einlassen oder gegen sie opponieren lernen heißt: das narzisstische Größenselbst überwinden, an Grenzen stoßen, Grenzen akzeptieren und Grenzen überschreiten. Spielen ist dabei ein dem inneren Kind gemäßer, lustvoller, möglichst wenig traumatisierender Weg, der mit der Wirklichkeit konfrontiert und die Freude an ihr zu wecken vermag.

In der musiktherapeutischen Interaktion von Klient und Therapeut entsteht ein Spiel-Raum von großer Freiheit, in dem beide eine eigene musikalische Sprache entwickeln, die zu höchst verfeinertem Ausdruck und subtiler Kommunikation führt (de Backer/ van Kamp 2001, S. 7 f.). Dies steht in krassem Gegensatz zu mechanistischen Vorstellungen von Musik und ihrer Wirkung, wie wir im nächsten Abschnitt näher betrachten werden.

6. Musik und Wirkung

Die Suche nach universellen Wirkfaktoren nimmt in der musiktherapeutischen Literaturgeschichte einen breiten Raum ein (vgl. auch Kap. II 3 u. Timmermann 1983). Immer wieder geht es dabei um Grundfragen an das Medium, mit dem therapeutisch umgegangen werden soll: Wie wirkt Musik bzw. ihre Elemente, gibt es verlässliche Standards oder ist alles beliebig oder nur situationsabhängig?

Die Frage nach den Standards oder Universalien im Erleben der menschlichen Seele korrespondiert mit dem der Jung'schen Tiefenpsychologie entstammenden Begriff des „Archetypus". Interessanterweise taucht dieser Begriff lange vor Jung im Zusammenhang mit der Musik auf, und zwar bei Johannes Kepler, einer Persönlichkeit, die in der Geschichte der uns inzwischen wohlbekannten Harmonik eine wichtige Rolle spielt. Kepler, stark geprägt von Platon und dessen Begriffen „Idee" und „Urbild", spricht in seinem „5. Buch von der Weltharmonie" im Hinblick auf die Intervalle als Grundelemente der Musik von „...verissimae Harmoniae Archetypo, qui intus est in Anima". Für Kepler sind also die in der Welt vorhandenen Proportionsgesetze zugleich auch seelische Dispositionen, und der Begriff „Archetypus" hat bei ihm bereits die gleiche Bedeutung wie Jahrhunderte später bei C. G. Jung, der ihn in die Tiefenpsychologie einführte. Jung und seine Schüler beschäftigten sich allerdings ausschließlich mit seinen visuellen Aspekten („Ur-bild") und den in Mythen und Märchen transkulturell auftauchenden Motiven. Es gibt jedoch keinen Grund anzunehmen, dass nicht auch die akustische Ebene und somit auch die Musik nicht als archetypische Struktur betrachtet werden kann. Man könnte auch von „Archephonen" (Kirchhoff 1989) sprechen, von „Urklängen" oder „klanglichen Grundstrukturen", die als akustische Schwingungsphänomene im kollektiven Unbewussten verankert sind. Diese Ebene wurde bislang in der Archetypenforschung noch wenig berücksichtigt und beschrieben (Anregungen hierzu in Pontvik 1955, Timmermann 1987, S. 64 ff.; Strobel/ Timmermann 1991; Timmermann 1994, S. 196 ff., Strobel 1999). Zu der sich daraus ergebenden archetypischen Struktur der Musik (Einzelton – Rhythmus – Obertonreihe – Intervallen – Skalen – Melodien – Akkorde usw.) wurde in dem Abschnitt über die Harmonik bereits einiges gesagt. Damit ist die Frage nach Wirkungsuniversalien aber noch nicht geklärt.

Betrachten wir zunächst die natürlichen Gegebenheiten physiologischer Art (vgl. auch Bruhn 1998). Dazu gehören die gemeinsamen biologischen Grundlagen unserer Körperlichkeit, unser Gehörsorgan mit seiner Beschränkung auf die Wahrnehmung eines beschränkten Umfangs von Schwingungsfrequenzen und die Gehörsdispostion (vgl. Haase 1977), eine psychische Veranlagung für ganzzahlige Schwingungsverhältnisse. Inwieweit sich diese Disposition spezifischer objektivieren lässt, ob also Intervalle, Skalen, Rhythmen, Klangfarben und andere musikalische Faktoren bei allen Menschen, unabhängig von Kultur und Sozialisationsbedingungen, vergleichbare Wirkungen haben, ist noch immer eine Streitfrage bei den verschiedenen musiktherapeutischen Schulen.

In unterschiedlicher Weise bejaht wird sie von der anthroposophischen und altorientalischen Musiktherapie (vgl. Ruland 1981, Tucek 1997). Die Mehrzahl der heutigen Musiktherapeuten stimmen allerdings eher darin überein, dass Verallgemeinerungen bezüglich der Musikwirkung in der alltäglichen Erfahrung nicht bzw. nur sehr begrenzt feststellbar sind. Gleichzeitig will auch moderne Musiktherapie nicht ohne funktionelles Wissen über Musikwirkung im Bereich der Stimulation oder Relaxion auskommen, also beispielsweise „ohne den beruhigenden Sechsachteltakt eines Wiegenliedes, ohne ein Metrum in der Frequenz des Ruhepulses, ohne tranceinduzierendes Klanggeschehen, ohne sinnstiftende Melodieverläufe oder auch Textpassagen" (Oberegelsbacher/ Timmermann 1999). Hegi entwickelt in seinen Büchern (1986, 1998) fünf Wirkungskomponenten der Musiktherapie: Klang, Rhythmus, Melodie, Dynamik und Form (1998, S. 51 f.). Diese können in musiktherapeutischen Interventionen gezielt eingesetzt werden. Allerdings gilt auch hier, dass die Intention des Therapeuten bezüglich des musikspezifischen Effektes und die tatsächliche Wirkung beim Klienten von vielen weiteren Faktoren abhängen.

Mit den derzeitigen wissenschaftlichen Methoden ist eine Objektivierung von Musikwirkung nicht nachweisbar (Gembris 1996). Dies liegt vor allem daran, dass eine empirische Wirkungsforschung auf eine immense Vielzahl von Variablen gestoßen ist. Unterm Strich kommt heraus, dass man die Wirkung einer Musik kaum trennen kann von der Wirkung der Umstände, unter denen sie gehört wird. Daraus ergeben sich mehr Fragen als Antworten: Wie soll man noch feststellen, was durch die Musik selbst ausgelöst wird und was durch persönliche Erlebnisse mit dieser Musik, Geschmacksfragen, momentane Stimmung, die Beziehung zum Versuchsleiter und den anderen Versuchspersonen, die Atmosphäre der Testsituation usw.? Kann man unter dem gegebenen oder einem neuen wissenschaftlichen Paradigma Forschungsmethoden entwickeln, die hier weiterführen? Ist ein moderner Musiktherapeut überhaupt an einer solchen Fragestellung und ggf. Beweisen interessiert, wenn es ihm eigentlich um die individuellen Erfahrungen des Klienten geht?

Wie wir später noch sehen werden, konkretisiert sich das spezifisch musiktherapeutische Setting über allgemeine psychotherapeutische Bedingungen der Atmosphären- und Beziehungsgestaltung hinaus an flexibel-variablen Grundangeboten. Eine Musik wirkt z. B. sehr unterschiedlich, wenn sie durch eine Einstimmung vorbereitet wird oder nicht, wenn sie im Liegen mit geschlossenen Augen oder in Bewegung gehört wird.

In der tiefenpsychologisch orientierten Musiktherapie geht es jedenfalls nicht um eine „pharmakologische“ oder „mechanistische“ Verwendung von Musik und ihren Elementen, unabhängig davon, ob aktive oder rezeptive Vorgehensweisen angewendet werden. Sie geht aus von der grundlegenden Bedeutung der therapeutischen Beziehung, die hier mittels der Musik als wesentlichem Faktor mitgestaltet wird. Die Wirkungen der Musik selbst werden innerhalb des Gesamtwirkungsgeschehens unter zwei grundsätzlichen Aspekten betrachtet: dem sich aktuell Ereignenden und dem biographischen Hintergrund. Die daraus entstehende Beziehungs- und Musik-Wirklichkeit wird weder als zufällig noch als beliebig betrachtet. Die Musik ist sinnvoll eingebettet in diesen Gesamtzusammenhang. Insofern ist sie nichts, was von außen hineingetragen wird. Sie folgt den Gesetzen der Musik und den Gesetzen der Intuition. Der Musiktherapeut lernt im Rahmen seiner Ausbildung einerseits den Umgang mit der Musik als künstlerischem Medium, andererseits den Umgang mit seelischen Prozessen, mit seiner Wahrnehmung, mit Gegenübertragungsphänomenen usw. Die geschulte Intuition führt dann beides zusammen.

Hegi bringt es auf den Punkt, wenn er sagt, es sei ihm „nicht so wichtig, was jemand spielt, sondern wie jemand spielt“ (1998, S. 22). Musiktherapeutische Wirkungen können mit dieser Haltung nie Gefahr laufen, ins Mechanistische abzugleiten.

7. Improvisation

Am Anfang der Musik war die Improvisation. Sie ist die ursprünglichste Form des Musizierens. Der Mensch bläst in ein Schilfrohr, entdeckt den Flötenton, variiert ihn spielerisch, möchte mehr Töne, bohrt Löcher in das Rohr, entdeckt die Intervalle, legt seinem harmonikalen Instinkt folgend – die Löcher so an, dass diese Intervalle irgendwann ganzzahligen Proportionen entsprechen, entdeckt Tonfolgen, die ihn berühren, die ihm etwas sagen, Melodien, die er schließlich wiederholt, die sich durch diese Wiederholbarkeit als Lieder, als Musikstücke manifestieren und Musikkultur bilden. Doch immer wieder reizt Menschen auch das „Unvorhersehbare“ (lat. „improvisus“) des ursprünglichen Improvisierens, ein schöpferisches Musizieren. Für das Phänomen selbst spielt es keine Rolle, ob es sich um naives Experimentieren oder geniales Musikgestalten handelt. Der improvisierende Mensch ist eine anthropologische Grundkonstante (Grundsätzliches zur Improvisation findet sich auch bei Bresgen 1973 u. Oliveira Pinto 1998).

In den meisten Musikkulturen der Erde hat sich das Element des Improvisatorischen auch innerhalb mehr oder weniger komplexer Formbildung erhalten. Der indische Raga beispielsweise gibt eine wohldefinierte musikalische Struktur vor, die dem Spieler aber doch viele Freiheiten lässt, in und mit dieser Struktur zu spielen, ja, dieses Schöpferische im Vorgegebenen ist die eigentliche Kunst des Instrumentalisten oder Vokalisten, denn darin kommt seine Persönlichkeit zum Ausdruck. „In der Improvisation manifestiert sich die Essenz der Musik, das, was sich der Musiker an Technik durch sein Studium erworben hat, aber auch die Summe der Tradition, die er empfangen, zur Reife gebracht und bereichert hat, indem er seiner irdischen Bestimmung folgte“ (Rault 2000, S. 160).

In der europäischen Musikentwicklung hat sich das Improvisatorische eher zurückentwickelt. Zwar war es bis vor etwa 100 Jahren üblich, dass Solisten im Konzert auch frei kadenzierten, gab es im Barock das Generalbassspiel, waren Bach, Beethoven und andere große Musikerpersönlichkeiten selbstverständlich auch genial im Improvisieren, von weniger genialen Pädagogen wurde dieser Aspekt des Musizierens bei den Schülern allerdings oft schon im Keim erstickt: „Phantasiere nicht herum, sondern übe deine Etüden!“

Im Verlauf des 20. Jahrhundert kam es jedoch auch zu kulturübergreifenden musikalischen Entwicklungen und neuen Freiheiten. Gerade in der Musik der Amerikaner afrikanischer Herkunft verschmolzen die musikalische Erbschaft mit den Einflüssen der weißen europäischen Musik. In Blues, Jazz und der davon stark beeinflussten Rock- und Popmusik seit den 60er und 70er Jahren fand so das Improvisatorische wieder Einzug in die moderne Musikentwicklung. Free jazz und die Experimentelle Musik als Spielart der Musikentwicklung der europäisch-amerikanischen Avantgarde waren wohl die radikalsten Formen künstlerischer Improvisation. Der berühmte Satz von John Cage: „I welcome whatever happens next“ scheint die Auswahl beliebig zu machen, keinerlei Beschränkung oder Struktur mehr zu geben. Er stammt jedoch aus seiner Beschäftigung mit dem Zen-Buddhismus und meint im Grunde eine zumindest sehr ähnliche Haltung, wie sie im oben zitierten Satz von Malebranche zum Ausdruck kommt: „Aufmerksamkeit ist das natürliche Gebet der Seele“ (zit. nach Lauterwasser 2002). Die innere Einstellung des Musizierenden ist hierbei eine sehr disziplinierte, aber auch absichtslose Konzentration, ein Lauschen auf innere Impulse, die nach außen dringen und Gestalt annehmen.

Die Kritik mancher Komponisten bezieht sich auf den Vorwurf der Formlosigkeit. Die Frage ist hier, ob nur bewusste und tradierte Form zählt oder ob nicht auch das Unbewusste einen Sinn für Form hat, der sich dann offenbart, wenn man es möglichst ungestört zur Wirkung kommen lässt. Dazu bedarf es wohl einigen Mutes und Vertrauens, und so wittert Wilson (1987, S. 4) auch bei diesen Kritikern die Abwehr von Ängsten vor dem Ungeordneten, Undomestizierbaren. Rzewski geht noch weiter in diese Richtung mit der Aussage: „Aber grundsätzlich ist das Thema der Improvisation die Gefährdung der Existenz: die Kontinuität des Lebens kann durch alles – Tod und Krankheit beispielsweise – jederzeit unterbrochen werden“ (1987, S. 44).

Christopher Dell (2002), Musiker und Philosoph, definiert den Begriff „Improvisation“ von der Kunst, nicht von der Therapie ausgehend, aber dennoch für die Musiktherapie sehr interessant, weshalb er im folgenden in einigen Zitaten zu Wort kommen soll. Für ihn heißt Improvisation „im ursprünglichen Sinne: ohne Vorbereitung tun. Wer ohne Vorbereitung zu tun im Stande ist, der wird dennoch immer in Bereitschaft, also in Vorbereitung sein, das Unvorbereitete zu tun. Dieses Sein der Bereitschaft entstammt der Tiefe der Stille... Die Improvisation schöpft aus dieser Stille, dieser Ruhe, in der das Unaussprechliche dargeboten wird, um es im nächsten Augenblick wieder in die Stille zu entlassen. Stille und improvisiertes Handeln ergänzen sich zum Sein. Wer ist, erfährt sich in der Stille und im Unvorhersehbaren, Einmaligen, in der Improvisation“ (S. 241).

Dell sieht Improvisation eingebunden in ein morphologisches Kraftfeld, ein feines Netz kausaler Korrelationen. Jede Teilbewegung hat ihren Ursprung in einem größeren Gesamtablauf. So erhält die Improvisation ihre Ordnung aus sich selbst heraus. „Die Interaktion erzeugt die Dynamik des Hervorgehens, ohne diese vollkommen zu kontrollieren. Sie spielt mit ihr“ (S. 18). „Spielerisch werden in der Improvisation neue Zusammenhänge erzeugt, Elemente in neue Konstellationen gebracht... Im Mittelpunkt steht nicht mehr das Produkt, sondern die Beziehung zweier oder mehrerer Produktionen“ (S. 169). Diese sind natürlich nicht von den Produzenten, also den agierenden schöpferischen Menschen, zu trennen. „Wenn wir improvisieren, wollen wir immer die Möglichkeit haben, durch unsere gewählte Improvisationssprache mit anderen in Kommunikation zu treten. Dabei ist die improvisatorische Sprache keine Inszenierung des Logos, sondern eine Einladung zur Teilhabe. Die Teilhabe erwächst, weil die Improvisationsteilnehmer ihre individuelle Leiblichkeit in den Auseinandersetzungsprozess integrieren. Improvisation wird so zur Vermittlung zwischen internalisierten symbolischen Interaktionsformen und denkendem Tun... Sie nimmt auch einen körperlichen Raum ein. Dieser Raum ist ein sozialer Raum, auf die Gruppe hin gerichtet“ (S. 224). „Gemeinschaft ist nicht additatives Nebeneinander von Individuen, sondern interagierender Prozess“ (S. 121).

Das Künstlerische und das Psychologische lassen sich im Grunde natürlich nicht trennen, im Improvisatorischen wird sozusagen zwischen ihnen vermittelt (Weymann 2001, S. 18). Das Unvorhersehbare im menschlichen Leben ist bedrohlich – einerseits. Andererseits bietet es aber auch die Chance, der gut bewachten Wiederholung zu entkommen. Alfred Schmölz empfahl die freie Improvisation in einer mündlichen Aussage einmal als Möglichkeit, „den Patienten im guten Sinne zu überlisten“. Gemeint ist damit eben die Überwindung der heimlichen Wächter, die verhindern, dass seelische Muster sich ändern, beispielsweise Intellekt und Rationalisierung als eine ständige innerlich räsonierende Bestätigung eines So-und-so-seins der Welt, sowie absichernder, routinierter Verhaltensmuster. In der Improvisation vermag der Spielende, wenn er sich auf das Spiel wirklich einlässt, unter diesen Schutzmechanismen hindurchzutauchen in eine unbekannte Weite des Erlebens und Handelns.

Improvisation ist das, was sich spontan zeigt. Sie bedarf einer Haltung der Offenheit gegenüber den Impulsen die auftauchen, ihrem Herausfließen und sich Gestalten. Die Wirklichkeit wird möglichst nicht durch Erwartungen und Absichten vorstrukturiert, sondern man setzt sich ihr aus, wie sie sich zeigt. Das führt nicht zu Willkür. Das, was sich zeigt, unterliegt Gesetzen, hat seinen eigenen Sinn, ob uns das bewusst ist oder nicht. Improvisiertes Handeln ist getragen von Kräften, die in uns wirken auch jenseits unseres Verstehens. In einer tiefenpsychologisch orientierten Musiktherapie wird ernst und wichtig genommen, was sich im frei improvisierten Spiel ereignet. Dies ist der klinische Aspekt der Improvisation. Der Therapeut vertraut auf den Sinn des Geschehens und begleitet es aufmerksam, einfühlsam, „Spiel“ lassend, rahmenschützend.

„Das ist doch keine Musik“, dieser Form des Widerstandes kann man immer wieder begegnen, nicht nur bei Klienten. Der Satz drückt aus, dass Hörerwartungen nicht erfüllt, Hörgewohnheiten nicht befriedigt werden. Er sagt also etwas über den Sager dieses Satzes aus, nicht über die in einer Improvisation entstehenden Musik. Wer will denn eigentlich entscheiden, was noch Musik ist und was nicht mehr? Ist das tiefe Tönen der tibetischen Mönche Musik oder das Experimentieren der Neutöner? Ist nur das Musik, was ich gerne höre? Auch im Künstlerischen kann Gefallen ja wohl kein Maßstab sein.

Ein musiktherapeutischer Musikbegriff muss zwingend ein anderer sein als in der werkorientierten Musikwissenschaft. Aspekte von Musik als Prozess und Ereignis, als Erkenntnismittel, als Ausdruck und Reflexion seelischer Verhältnisse, als direkte Kommunikation, als Mitteilung, als Beziehungsgestaltung zwischen Menschen, als ein Medium, in dem sich Lebenserfahrung widerspiegeln und heilsame Wandlung vollziehen kann (Tüpker 2001, S. 44), treten in den Vordergrund.

Improvisation und Spiel in der Musiktherapie sind schlichte oder ausdifferenzierte Formen elementaren Musizierens, deren offenste Form die „freie Improvisation“ ist. Durch ihren Spiel erlaubenden Charakter kann sie beim Spielenden eine Fülle von psychologischen Themen auslösen, die dadurch der Bearbeitung zugänglich werden. Es können jedoch auch gezielt psychologische Themen als Spielvorgabe angeboten werden. Dies erleichtert oftmals den Einstieg und bringt den Prozess voran.

In der musiktherapeutischen Improvisation wirkt eine spezifische akustische Semiotik innerhalb eines breiten Spektrums anderer psychotherapeutischer Wirkfaktoren. Was zwischen Worten und schützendem Verhalten schwingt und mitschwingt, hat hier in der Musik seinen Raum. Der improvisierte musikalische Dialog zwischen Klient und Therapeut ermöglicht eine lebendige Beziehungsgestaltung und in diesem Rahmen auch die Kompensation defizitärer Anteile und korrigierende Neuerfahrung. Freie Gruppen-Improvisationen konfrontieren mit dem (im Gruppen-Klang) bergenden/ verschlingenden Mutterfeld und gleichzeitig einem väterlich inspirierten Hinaus-ins-eigene-Leben, in die Autonomie.

Freie Improvisationen in der Gruppe oder als Dialoge zwischen Klient und Therapeut in der Einzelmusiktherapie können aufdeckenden Charakter haben und gleichzeitig Wandlung bewirken. Improvisationen über Themen, Rollenspiele, Regeln sind verwandt den „tiefenpsychologischen Übungen“ der humanistischen, teilweise auch behavioralen Ansätzen. Nach Schmölz (1988) entsprechen sie „eigentlich lebensnahen Geschehnissen und werden von denjenigen psychischen Fähigkeiten ausgelöst und getragen, welche abwechselnd und ineinandergreifend auch für die Art einer zwischenmenschlichen Beziehung bestimmend sein können: Zuhören-können, Aufnehmen, Einfühlen, Verarbeiten, Verstehen, aber auch Besinnen, Abwägen, Abgrenzen, Zurücknehmen, Abwehren, Entgegnen und schließlich – das oft ängstlich gemiedene und daher ungeübte, aber lebensnotwendige, bewusste Sich-auseinandersetzen-Wollen."

Für den Musiktherapeuten bedarf es der zweifachen Übung. Zum einen lernt er Musik, ihre Strukturen und Wirkkomponenten kennen (Hegi 1986, 1998), erarbeitet sich musikalisches Wissen und ist ein geübter Improvisationsmusiker. Zum anderen strebt er in der therapeutischen Situation auch immer wieder eine Haltung der Offenheit, Absichtslosigkeit, des Spürens und Herausfließenlassens an. Die Kunst in der therapeutischen Improvisation ist die Wahrung der Balance, des Fließgleichgewichts zwischen diesen beiden Polen, zwischen Wissen und Intuition, Kontrolle und Loslassen.

8. Körper und Klang – Atem und Stimme

„Den Leib und seine Funktionen so zu bilden, dass er gestimmtes Instrument zu allem Tun wird, bereit mitzuklingen..."

Dore Jacobs

Die moderne Musiktherapie basiert auf der Integration von künstlerisch-pädagogischen und psychotherapeutischen Ansätzen. Körperbewusstsein in Wahrnehmung, Ausdruck und Bewegung, Atem- und Stimmarbeit bieten dabei gleichzeitig Möglichkeiten zur Diagnostik, zur therapeutischen Intervention und zum „Üben ohne zu Üben" (Jacoby), mithin zu einem Prozess, der die Schwingungsfähigkeit des „Körper-Instruments" und das allmähliche Sichöffnen für das Eigentliche und Wesentliche fördert.

Klang braucht Körper. Damit eine akustische Schwingung sich für den menschlichen Hörbereich als wahrnehmbar manifestieren kann, braucht es bestimmte materielle Bedingungen. Dies gilt für die menschliche Stimme, die ohne den biologischen Stimmapparat nicht zum Tönen kommt, ebenso wie für das Instrumentalspiel, das sich ohne einen entsprechenden Körpereinsatz nicht entfalten kann. Die Wahrnehmung von Musik ist eine körperliche, insofern sowieso alle mit dem Gehörssinn verbundenen biologischen Gegebenheiten dabei einbezogen werden. Darüber hinaus wird sie aber auch an und in anderen Körperteilen spürbar, was durchaus für die Analyse psychosomatischer Problematiken und der Suche nach geeigneten Lösungswegen relevant ist.

Der Klangwahrnehmung geht daher am besten bewusste Körperwahrnehmung voraus. Eine therapeutische Musikrezeption ohne einstimmende Achtsamkeit für Körper und Atem verzichtet im allgemeinen auf etwas ganz Wesentliches. Dabei geht es zunächst einmal nur um die Wahrnehmung dessen, was ist, das Spüren der tatsächlich erlebten Wirklichkeit. Korrekturen sollen sich aus dem Erleben entwickeln, nicht aus den Anweisungen des Therapeuten. Wie bei der freien Improvisation geht es nicht um die Orientierung an bestimmten Vorstellungen, sondern um ein Sichöffnen für das Geschehen, wie es sich spontan zeigt. Eine Umerziehung des Klienten nach vorgegebenen Richtig-Falsch-Schemata lässt die körperlich-seelischen Entfremdungen und Fehlhaltungen nicht spürbar werden und verpasst dadurch die Chance, dass sich eine aus der Tiefe der Persönlichkeit auftauchende Motivation einstellt, die den allmählichen Umstrukturierungsprozess initiiert.

Die deutschen Begriffe „verstehen" und „begreifen" beziehen sich buchstäblich auf den Körper, auf Füße und Hände, und viele Redewendungen verwenden konkrete Körperteile und Organe, um emotionale, seelische Phänomene und Prozesse zu beschreiben. Tiefenpsychologisches psychosomatisches Denken (ein Klassiker wäre beispielsweise Richard Heyers „Organismus der Seele") wird durch die Arbeit mit Körper und Atem ideal ergänzt, wenn diese nicht primär funktional betrieben wird, sondern „Empfänglichkeit, Sammlungsvermögen, echte Erlebnisfähigkeit" (Jacobs 1932/1983, S. 116) fördern will und auf diesem Weg auftretende Schwierigkeiten auch vor ihrem biographischen Hintergrund ernst nimmt und bearbeitet. Viel unbewusstes Wissen eines Menschen um seine Geschichte und Entwicklung sind in Körper und Atembewegung gespeichert. Indem Therapeut und Klient diese im therapeutischen Setting beachten und deren Sprache allmählich verstehen lernen, öffnen sich häufig Zugänge, die sonst verschlossen bleiben.

Die Kombination von Körper- und Atemarbeit mit musiktherapeutischen Elementen ist hochwirksame Psychotherapie (Engert-Timmermann/ Timmermann 2001). Die Verwendung von Elementen wie Körperwahrnehmung in Ruhe und Bewegung, Atem- und Stimmerfahrungen, Rezeption von einfachen Klängen und Rhythmen bzw. von Musik, freie musikalische Improvisationen sowie die verbale Aufarbeitung des Erlebten ist sowohl konflikt- als auch lösungsorientiert, aufdeckend und übend. Das Wechselspiel zwischen Phasen der Versenkung in das innere Erleben und aktivem Ausdruck bildet eine breite Grunddynamik.

Die eher introspektive Fokussierung der Aufmerksamkeit auf Körper und Atem – je nach Situation sitzend, im Stehen oder am Boden liegend, auch in der Partnerarbeit mit achtsamer Berührung – führt bereits zu einer vertieften Begegnung mit sich selbst, aus der heraus das Tönen mit der Stimme eine tiefe Wirkung hat, sei es frei improvisiert oder mit dem Angebot spezifischer Vokale oder Konsonanten verbunden. Nachruhen und Nachspüren ermöglicht eine Intensivierung der Selbstwahrnehmungs- und Empfindungsfähigkeit, den Kontakt mit Schichten, die dem Alltagsbewusstsein schwer zugänglich sind. Die Rezeption von Musik, vor allem wenn sie „live" gespielt wird, die Wahrnehmung von Schwingungen einfacher Klänge, Rhythmen, gesummter Melodien usw. führt durch die Einbettung in die Arbeit mit Körper und Atem in eine andere, weitere, tiefere Dimension als ohne solche Erfahrungen. Dies wird im Kapitel über die rezeptiven Vorgehensweisen in der Musiktherapie noch näher behandelt.

Therapeutisch wesentlich ist, dass die Begegnung mit Körper und Atem eine Begegnung sowohl mit blockierten Energien als auch mit Ressourcen in Form von nichtentfremdeten Selbstanteilen, mit der eigenen pulsierenden Lebendigkeit und ihren Rhythmen ermöglicht. Auf dieser Basis kann auch im musikalischen Ausdruck ein stimmiger Rhythmus und eine Bewegung im Einklang mit dem tieferen Selbst gefunden werden.

Ganz unmittelbar kann man dies bei der Stimme wahrnehmen, dem ursprünglichsten Instrument. Als tönender Teil des Körpers ist sie im vorsprachlichen Dialog mit der Mutter, dem Vater und anderen Bezugspersonen akustische Ausdrucks- und Kommunikationsmöglichkeit, ein Körperinstrument, welches das kleine Kind experimentierend ausprobiert. Im weiteren Verlauf des Heranreifens entwickelt jeder Mensch seinen eigenen, unverwechselbaren Stimmklang als akustische Manifestation seiner individuellen Persönlichkeit, die durch die sozialen Rollen und Masken hindurchtönt (vgl. auch Timmermann 1987, S. 19; Rittner 1996, S. 359).

Die Verbindung zwischen Körper, Atem und Stimme ist evident und wurde in den historischen Perspektiven bereits beleuchtet. Blockaden manifestieren sich auf allen Ebenen, können aber auch gespürt und bearbeitet werden. Musiktherapie wirkt hier deutlich als Körperpsychotherapie. Dabei kann sie mit und ohne körperliche Berührung arbeiten, was in manchen Fällen ein Segen ist. Körper- und Atemwahrnehmung und das spontan improvisierte Tönenlassen des Atems als elementares Singen ist ein praktischer Ansatz, um Selbsterfahrung und Wandlung zu initiieren. In der Vokalraumarbeit verbinden sich Atem- und Musiktherapie (Middendorf 1987, Engert-Timmermann/ Timmermann 2001), der Atem fließt still in die Vokalräume und ertönt dann in der Vokalimprovisation.

Möglichkeiten zum vokalen Improvisieren sind sowohl in der rezeptiven als auch in der aktiven Musiktherapie gegeben: das Summen und Singen für Klienten ist eine intensive Form der Zuwendung, das Tönen mit der Stimme ist als körperinstrumentales Moment in der Einzel- und Gruppenmusiktherapie verwendbar.

Einen besonderen Platz, klientenspezifisch von erheblicher Bedeutung, nimmt das Singen von Liedern in der Musiktherapie ein, wie wir bei der Betrachtung der einzelnen Arbeitsbereiche noch sehen werden. Lieder können strukturierend wirken: als gestaltete Musik an sich, als sinnliche Qualität, als Anfangs- und Schlussritual, als Gemeinschaftserlebnis, als Indikatoren der Lebensgeschichte und Erinnerungsträger, als Angebot zum Gefühlsausdruck und Stimmungswandel. Viele Menschen benutzen das Singen von Liedern offen oder eher heimlich als Möglichkeit, das emotionale Auf und Ab des Lebens zu bewältigen. Es gibt Lieder für jede Stimmung und der Ausdruck einer Gestimmtheit führt häufig zum Stimmungswandel. Diese Qualitäten des Liedersingens werden in der Musiktherapie therapeutisch nutzbar gemacht (Hassinger 1985, Muthesius 2003).

Der erwachsene Mensch ist allerdings im Gebrauch der Singstimme, vor allem im improvisatorischen, oft gehemmt, da es der intimste musikalische Ausdruck ist, der Seele am nächsten. Manchmal helfen dann verfremdende Elemente, z. B. das Kazoo oder einfache Rohre, in die man hineintönt – und dabei ein wenig „maskiert“ ist. Doch hier geraten wir bereits in unser nächstes Thema, die Instrumente als therapeutisches Medium.

9. Das Instrumentarium

Instrumente dienen traditionell zur Kommunikation, haben Signalcharakter (z. B. das Horn), übermitteln sprachliche Codes („Buschtrommel“). Das Instrumentarium der modernen Musiktherapie umfasst ein breites Spektrum an archaischen, elementaren und hochkomplexen Instrumenten. Im allgemeinen bietet man den Klienten solche an, die leicht spielbar sind.

Für die rezeptive Musiktherapie, sofern sie „Live-Musik“ (im Unterschied zu technischen Tonträgern) einsetzt, kann grundsätzlich jedes Instrument verwendet werden, das der Situation entspricht (Fak/ Lambauer 1995). Für Klangrezeptionen, die in einen therapeutisch relevanten veränderten Bewusstseinszustand führen sollen, wählt man meist Instrumente, die durch Monotonalität gekennzeichnet sind. (Dies wird in Kap. IV 1 näher beschrieben.)

Eine systematische Zuordnung der Instrumente zu bestimmten Erlebnisweisen ist nicht zwingend, die Wirkung sollte auch nicht durch eigene Erwartungen beeinflusst werden. Eine Haltung von Offenheit gegenüber jedem Erleben, ohne Rücksicht auf „richtig und falsch“, adäquat und inadäquat erscheint therapeutisch am sinnvollsten.

Instrumente haben einen unspezifischen und spezifischen Symbolcharakter. Unspezifisch bezieht sich auf die subjektive Sichtweise, auf das, was jeder einzelne Klient aufgrund seiner Lebensgeschichte in ihnen sieht. Dies wird besonders deutlich bei der musiktherapeutischen Aufstellungsarbeit, wenn der Klient beispielsweise die Mitglieder seiner Familie durch Instrumentenwahl symbolisiert. Dabei verbindet sich ihr Ausdruckscharakter mit der Wirksamkeit des entstehenden Feldes (Timmermann 2003).

Was den spezifischen Symbolcharakter anbetrifft, so kommt bei Musikinstrumenten eine vielschichtige Symbolik ins Spiel, welche die visuelle, akustische und haptische Ebene umfasst. Dies hat menschheitsgeschichtlich eine lange Tradition, die in der Musiktherapie weiter verfolgt wurde (Timmermann 1989, S. 75 ff.). Auf der visuellen Ebene kann von Bedeutung sein: Wie groß ist das Instrument, wie ästhetisch in Form und Farbe, wie neu, wie abgenutzt, komplex, mobil usw. ist es? Auf der akustischen Ebene kann zunächst einmal der Klang an sich aussagekräftig sein: der Gong ist mächtig, eine kleine Flöte schrill, das Klavier bietet viele Möglichkeiten usw. Der Instrumentenklang weckt oft Assoziationen, die auch emotional gefärbt sein sein können: beispielsweise weckt die Mundharmonika Erinnerungen an Unterwegssein, das Klavier an Mutter und Weihnachten, Flöte spielte die tödlich verunglückte Schwester. Auf der haptischen Ebene wird beispielsweise beim Trommelfell das Thema „Hautkontakt“ sinnlich angeregt.

So kommen eine Fülle von psychologischen Themen ins Spiel. Die Leier ist „zart besaitet“. Streichinstrumente wie Geige oder Cello haben eine weibliche Form und können sich auf die Mutter oder die Frau überhaupt beziehen. Blasinstrumente dagegen haben eine eher phallisch-männliche Form. Pauke und andere laute Instrumente verkörpern oft Dominanz, Macht und Unterdrückung – was nicht selten die Eltern ins Spiel bringt – und ermöglichen gleichzeitig kathartische Entladungen starker (vielleicht bislang unterdrückter) Gefühle. Das Klavier als zentrales Kulturinstrument ist häufig verbunden mit gesellschaftlichen Konventionen, bürgerlichen Einengungen oder auch Wünschen nach sozialem Aufstieg. Die Gitarre kann dagegen für Ausbruch, Wandervogel, Lagerfeuer, Seefahrt, Beatles usw. stehen.

Der Symbolcharakter der Instrumente kann sich natürlich wandeln: durch neue Erfahrungen, eine andere Spielweise – andere Aspekte des Instrumentes treten dann ins Bewusstsein. Eine Systematisierung von Bedeutungszuordnungen ist nicht hilfreich. Sie versperrt dem Klienten die Projektion und dem Therapeuten die Freiheit der spontanen Assoziation, die der aktuellen, erlebten Situation näher steht.

Das Musikinstrument dient in der aktiven Musiktherapie als Medium für Ausdruck und Kommunikation. Somit bekommt es einerseits die Funktion eines Hilfs-Ich, wenn der Klient das Spiel darauf als angemessene Darstellung seiner eigenen Gefühle akzeptieren kann, andererseits wächst ihm eine Art Brückenfunktion zu, indem er mit ihm Kontakt aufnehmen kann zum Therapeuten oder anderen Gruppenteilnehmern (vgl. auch Bruhn 1998, S. 425).

Für die Zusammenstellung eines musiktherapeutischen Instrumentariums ist wichtig, dass von allem etwas vorhanden ist, also eine reichhaltige Auswahl an Klängen, sodass sich möglichst für jedes Gefühl, jede Atmosphäre ein akustisches Äquivalent findet. Nicht die Quantität der vorhanden Instrumente ist hierbei das Kriterium, sondern die Vielseitigkeit des Klangspektrums, verschiedene Größen, Farben und Formen, sinnliche Reize, die den Klienten motivieren, wahrzunehmen, auszuprobieren, zu suchen und zu finden. Das jeweilige Instrumentarium eines Musiktherapeuten ist nicht statisch, sondern immer auch ein für seine Arbeit wesentlicher Prozess. Instrumente gehen kaputt und werden ersetzt oder gerade in ihrem Kaputtsein integriert. Neue Instrumente werden entdeckt und erweitern das Klangspektrum – eine lebenslange reizvolle Aufgabe.

III. Theoretische Ansätze der Musiktherapie

1. Allgemeine Ethik und Ziele

a) Philosophische Ansätze

Psychotherapeutische Arbeit bedarf ethischer Orientierung – gerade im Hinblick auf die Gefahr, dass der Klient ethische Muster des Therapeuten übernimmt und dies dann als therapeutischer Fortschritt gewertet würde. Wege und Ziele professioneller Begleitung von seelischen Entwicklungsprozessen müssen beschrieben, Gesundheit und der sie ermöglichende Kontext definiert sein. Diese Beschreibungen und Definitionen gehen über eine Psychopathologie und -diagnostik hinaus, und dies kann nicht allein von der Medizin als Naturwissenschaft geleistet werden. Wie in anderen Fragen der Ethik in der Medizin müssen geisteswissenschaftliche Disziplinen einbezogen werden, die über ausreichende Erfahrung mit weltanschaulichen Fragen wie Menschenbild, Menschenrechte und -pflichten, Sinnfragen usw. verfügen. Vor allem Philosophie, Theologie, Pädagogik, Psychologie und Soziologie sind hier gefragt. An erster Stelle steht die Philosophie als Mutter und Basis aller Wissenschaften. Der Philosoph als traditioneller Seelenführer (Psychopompos) bietet Orientierung an bei der Suche des Menschen nach Erkenntnis und Erfahrung seiner selbst in dieser Welt. Er wirkt somit seelsorgerisch, beratend, die Seinserfahrung begleitend.

Der menschliche Schicksalsprozess wird in einer gelingenden Psychotherapie im positiven Sinne dynamisiert. Die Symptomatik drängt den Menschen, den Sinn dessen, was er erlebt, zu verstehen und nach Lösungen für die auftretenden Probleme zu suchen. Dabei tauchen Fragen auf nach sinnvollem und ethischem Handeln, nach echten und gültigen Werten, die für eine Weiterentwicklung wesentlich sind. Wir leben heute in einer zunehmend global vernetzten Welt im Kontakt mit einer Vielzahl von sich immer mehr begegnenden und teilweise sich vermischenden Kulturen, die auf unterschiedlichen gewachsenen Hintergründen und entsprechenden Wertekanons beruhen. Für den therapeutisch Tätigen stellen sich dementsprechend hier Fragen: Von welchem philosophischen Ansatz gehe ich aus? In welches Weltbild ist mein Tun eingebettet? Welche Werte vertrete ich und inwieweit sind meine Wertvorstellungen persönlicher, enkulturationsbedingter und – wenn es das überhaupt gibt – allgemeinverbindlicher Art?

Tiefe Philosophie führt zur Basis, zur nackten Existenz angesichts des Wunders, dass etwas ist, dass es Leben gibt, eine Seinswirklichkeit, als dessen Teil der Mensch existiert. Sie kann den Menschen seelisch und geistig dabei unterstützen, dieses Sein bewusst zu erfahren und anzunehmen als etwas, was ihm geschenkt ist und womit er etwas tun kann, dem er aber auch als einer größeren Ordnung dient. Sie kann ihn transformieren, sodass er in Einklang mit sich und der Welt kommt und dann diesen Prozess auch anderen gönnt und ermöglicht. Eine solche „Tiefenphilosophie“ fördert eine ethische und im umfassenden Sinne gesunde Haltung im Menschen. Wie sie insofern also auch relevant für eine tiefenpsychologisch orientierte Musiktherapie ist, soll im folgenden kurzen historischen Abriss anhand einiger Beispiele angedeutet werden.

Pythagoras und die Pythagoräer (vgl. auch Kap. II.1.) gehen von der Musik aus, von der ganzzahligen Struktur der Obertonreihe als Wesen der gesamten Wirklichkeit, als Ordnung im Kosmos, die sich in der Musik offenbart. In Max Plancks Definition von Quanten als ganzzahlige Vielfache des Wirkungsquantums finden wir dafür eine moderne Analogie. Daraus folgt der Gedanke der Harmonie. So wie ein Instrument gestimmt wird, damit es in sich stimmt und mit anderen Instrumenten zusammenspielen kann, soll auch der Mensch stimmig werden mit sich selbst und dem größeren Ganzen, dessen Teil er ist. Dies wäre eine im umfassenden Sinne gesunde Lebenshaltung. Der Mensch hat die Freiheit, dem gegebenen Sein zuzustimmen, wie es ist, sich in dieses größere Sein einstimmen, oder auch nicht – mit allen Folgen. *Seneca* kommentiert dies wie folgt: „Wer selbst will, den führt das Schicksal, wer nicht, den reißt es fort“ (zit. nach Kunzmann et. al. 1993, S. 29).

In der mittleren Stoa hatte *Panaitios* sich bereits von den überlieferten ethischen Forderungen nach allgemeinverbindlichen Persönlichkeitsidealen verabschiedet und meinte, man könne von einem Menschen nur verlangen, das in ihm selbst liegende Ideal zu verwirklichen, anders ausgedrückt: die Fülle der diesem einmaligen Menschen gegebenen Möglichkeiten zu entwickeln und auszuleben, ein sehr moderner und für unser Thema wesentlicher Gedanke, der uns als „Selbstverwirklichung“ noch beschäftigen wird.

Kant legte mit seinem kategorischen Imperativ („Handle so, dass du jederzeit wollen kannst, die Maxime deines Handelns sollen allgemeines Gesetz werden“) die Grundlagen für eine moderne säkulare Ethik. Welcher Mensch, unabhängig von seinem kulturell bedingten Wertsystem, würde ernsthaft bestreiten, dass er anderen nicht zufügen soll, was er selbst nicht zugefügt bekommen möchte. Oder positiv formuliert, welcher Mensch könnte sich nicht mit der ethischen Leitlinie identifizieren: was ich gern getan bekomme, das sollte ich auch den anderen tun. Daraus leiten sich dann konkrete sittliche Gebote ab wie Gewaltlosigkeit, Ehrfurcht vor dem Leben, Solidarität, Gerechtigkeit, Gleichberechtigung, Toleranz, Wahrhaftigkeit (vgl. auch Gebhardt 2002, S. 29 f.). Gleichzeitig machte hier Kant noch einmal deutlich, dass der Mensch selbst die Freiheit hat, diesen Weg zu beschreiten und ihn für sich und andere zu schützen.

Wilhelm von Humboldt führte diesen Ansatz weiter zum Humanitätsideal von Bildung als voller Entfaltung der Persönlichkeit. Diese Gedanken sind grundlegend für die spätere „Erklärung der Menschenrechte", in der Spielregeln für ein globales kulturübergreifendes Zusammenleben der Menschen auf dem Planeten Erde formuliert wurden. Leider geht der Prozess ihrer Verwirklichung bekanntermaßen schleppend voran, aber als Orientierung sind sie heute wohl das wichtigste ethische Manifest. Sie werden uns im nächsten Abschnitt noch beschäftigen.

Das 20. Jahrhundert war stark geprägt durch die existentiellen Erfahrungen zweier Weltkriege, die damit einhergehenden seelisch-geistigen und kulturellen Erschütterungen, durch religiöse Entfremdung und Sinnkrisen. Das Denken richtete sich oft radikal auf den Ursprung, die Fundamente und Wurzeln aller Dinge. Was hat wirklich noch Bestand, was macht noch Sinn angesichts von Auschwitz, von Schutt und Asche, von massenhaftem Tod und Traumatisierung? Welchen säkularen Trost gibt es, wenn die Kirchen nicht mehr helfen können? Auf welche verlässlichen Grundlagen kann der Mensch in dieser Krise zurückgreifen? Es waren Existenzphilosophie und Tiefenpsychologie, die als „denkerische Ausdrucksformen der gleichen allgemeineren seelisch-geistigen Grundströmung" (Seidmann 1959, S.13) dem modernen Menschen in dieser Situation wichtige Impulse und Orientierungen lieferten. Sie gingen auch immer wieder Verbindungen ein, obwohl es in der Existenzphilosophie Tendenzen gab, die gegen die Psychologie gerichtet waren.

Edmund Husserl strebte eine Wissenschaft vom Bewusstsein an, die Logik, Ratio und intentionales Handeln betrachtete, während die Tiefenpsychologie gerade das Unbewusste als autonomes Kräftefeld erforschte. Seine Phänomenologie, eine fundamentale Wesensschau der Sachen selbst, fand allerdings durchaus Eingang in die Psychoanalyse und später auch in andere Formen der Psychotherapie.

Eine Art Brückenfunktion dabei hatte *Martin Heidegger* und dessen zentrales Werk „Sein und Zeit“ (ebenda, S. 171 f.). Es basiert auf der phänomenologischen Wesensschau *Husserls*, fragt aber dann nach dem Sinn von Sein überhaupt und liefert (unbeabsichtigt) der Tiefenpsychologie eine Fülle von Impulsen, auch weil Befindlichkeit und Affektlage des Menschen angesichts seiner Existenz eine Rolle spielen (Heidegger 2001, z. B. S. 180 ff., S. 270 ff., S. 316 ff.). Als Ethiker mag *Heidegger* manch einem suspekt erscheinen, vor allem im Hinblick auf seine lebenspraktische Seite, z. B. seine anfängliche Affinität zum Nationalsozialismus und sein Verhalten gegenüber Hannah Arendt. Als theoretischer Denker ist er zweifellos brilliant und fruchtbar. Wenn man seine Philosophie unter dem Aspekt einer geistigen Suche nach Lösungen für Fehlentwicklungen in der abendländischen Geschichte betrachtet, kann man in ihr auch therapeutisch relevante Ansätze finden. Er geht dabei aus von der „Wirklichkeit“ wie sie ist, stellt aber die „Möglichkeit“ noch über sie. Damit eröffnet er philosophisch die Arbeit des Menschen an seinem Potential, an Wachstum und Entwicklung. „Wahr-sein“ muss „entdeckend-sein“ (ebenda S. 218) heißt in die tiefenpsychologische Sprache übersetzt: durch aufdeckende Arbeit an sich gelangt der Mensch zu seinem wahren Selbst.

Heidegger suchte nach Umkehr und Erneuerung, indem er bei der vorplatonischen Ursprünglichkeit des europäischen Denkens anknüpfte, an die Frage nach dem Wesen und der Wahrheit im Sein selbst. Der Mensch sollte wieder das In-der-Welt-sein lernen, die Einheit von Welt und Mensch spüren und die Isoliertheit des Ich überwinden. „Die Welt des Daseins ist Mitwelt. Das In-sein ist Mit-sein mit anderen“ (ebenda S. 118). Hier wird in tiefer und umfassender Weise ganzheitliches, ökologisches, systemisches Denken fundiert und bietet sich an für die Verbindung von Tiefenpsychologie und Tiefenökologie.

Die dem entsprechende Ethik beginnt bei der Achtung vor dem Leben, als einer Grundhaltung, die dem Menschen den Sinn für sein Maß verleiht. Sie beinhaltet ferner das Streben nach einer friedlichen Globalisierung durch gerechte Verteilung des Gegebenen. In diesen Zusammenhang gehört wesentlich die Achtung der gegebenen Gesetzmäßigkeiten des Seienden und damit auch von Krankheit und Tod als sinnvollen Aspekten einer höheren Ordnung. Ob auf der Ebene der Politik, die kollektive Lösungen im Blick hat, oder auf der Ebene der Psychotherapie, die bei Lösungen für den Einzelnen hilfreich sein will, tiefe Befriedigung und Glück kann es kollektiv und individuell letztlich nur geben, wenn dies als Möglichkeit für alle Menschen besteht. So romantisch verklärt dies auch angesichts der geschichtlichen Tatsachen und täglichen Nachrichtensendungen klingen mag, im Hinblick auf die Verwirklichung der Menschenrechte ist eine solche Haltung die einzige Perspektive.

Das In-der-Welt-sein als Mit-sein ist für den in der Natur lebenden Nomaden selbstverständlich. Er verfügt außerdem über alle praktischen Fähigkeiten, die im Rahmen seiner Kultur möglich sind und ist insofern relativ autark. Mit Sesshaftigkeit und Besitz beginnt die Entwicklung von Kultur im Sinne von Zivilisation. Damit einher gehen Arbeitsteilung und Spezialisierung, gesellschaftliche Schichtung, die Perfektionierung von Waffen und das Verteilen des Gegebenen nach dem Prinzip von Macht und Ohnmacht. Diese Entwicklung mit allen Folgen auch für den einzelnen Menschen ist unser Erbe. Wenn Psychotherapie aber mehr sein will als Symptomreparatur, muss sie sich zwangsläufig auch mit bewusstseins- und gesellschaftsgeschichtlichen Entwicklungen beschäftigen, um ein hilfesuchendes modernes Individuum zu verstehen.

Ein Schlüsselbegriff dazu ist der Begriff „Entfremdung“, der zunächst aus dem Denken der politischen Linken stammt. *Karl Marx* wandte ihn auf die für den kapitalistischen Unternehmer verrichtete Industriearbeit an. *Herbert Marcuse* beschrieb die Vermarktung des gesamten Lebens, entfremdete Körper und Sinne, die, auf eingeflüsterte Wünsche konditioniert, Ersatzbefriedigungen nachjagen (Marcuse 1979). Der Benediktinerpater *David Steindl-Rast* nennt „Entfremdung“ den zeitgenössischen Begriff für „Sünde“, die „Entwurzelung vom eigenen wahren Selbst, von anderen, von Gott oder was sonst von fundamentaler Bedeutung ist“ (Steindl-Rast 1985). Entfremdet sein heißt: nicht bei sich sein. Man könnte sagen: das „Ich“ ist nicht beim „Selbst“, es geht der sehnenden Suche nach einem anderen („falschen“) Selbst in die Falle, weil es nicht mit der gegebenen Wirklichkeit, der Welt als unteilbarem Ganzen übereinstimmt. Die Sehnsucht nach tiefem Einklang wird durch andere Sehnsüchte ersetzt.

In den Reformbewegungen am Anfang des 20. Jahrhunderts, die als wesentlicher Impuls für die Musiktherapie schon behandelt wurden, ist uns diese Thematik bereits begegnet. Die verschiedenen Formen von Selbsterfahrung und deren klinische Variante, die Psychotherapie, wollen ein Korrektiv sein für solche Entfremdungen. Die Alternative zu einem Massenkonsum, der ungerechte Verteilung des Gegebenen in sich trägt, ist sinnliche Genussfähigkeit, die um das Maß weiß und den Menschen im eigentlichen Sinne „nährt“.

Wenn gespürter Kontakt zum Körper und seinen echten Bedürfnissen, intensive Sinneswahrnehmung auf allen Ebenen, das Zulassen und Ausdrücken primärer Gefühle, adäquater Kontakt und Nähe zum Mitmenschen und der Mitwelt verwirklicht werden, locken nicht mehr billiger Ersatz und Masse, sondern gelebte Gemeinschaft mit allem Lebendigen und das Sorgetragen für die Welt als deren Lebensraum.

Jürgen Habermas konstatiert, die Moderne sei gescheitert, weil sie zuließe, dass die Ganzheit des Lebens in voneinander abgetrennte Spezialgebiete zerfiele. Das Individuum erlebe dies als entsublimierten Sinn und entstrukturierte Form, als *Charles Baudelaires* entsetzlichen „ennui". Die einzig mögliche Therapie gegen diese Zersplitterung sei, „dass die ästhetische Erfahrung...ihren Stellenwert ändert, ...nicht primär in Geschmacksurteile umgesetzt..., sondern explorativ für die Erhellung einer lebensgeschichtlichen Situation genutzt, auf Lebensprobleme bezogen wird" (zit. nach Lyotard 1986, S. 494). Auch wenn *Habermas* dies vermutlich nicht direkt beabsichtigte, liefert er hier doch einen guten philosophischen Ansatz für die Entwicklung zeitgemäßer künstlerischer Psychotherapie, für die Verwendung von künstlerischen Medien zur Selbsterfahrung, zur Initiierung von Ganzheit, Integrität, Heilung und Selbstverwirklichung.

Dem negativen Schlüsselbegriff der „Entfremdung" kann man also den positiven Schlüsselbegriff des „Selbst" gegenüberstellen. Der Mensch hat sich seit jeher verschiedenste Bilder von dem gemacht, was ihm das verborgene Höchste ist. So verwundert es nicht, dass es bei Philosophen, Psychologen, Theologen, Therapeuten und anderen Menschen unterschiedlich definiert wird – auch in der Tiefenpsychologie. Man kann jedoch insgesamt wohl davon ausgehen, dass „Selbst" und „Ich" nicht identisch sind, das „Selbst" etwas Umfassenderes meint als „Ich". Auf dieses Potential spielt *Capra* an, wenn er meint : „Selbst-verwirklichung mit Ego zu identifizieren, zeugt von einer maßlosen Unterschätzung des menschlichen Selbst" (1995, S. 144).

Das Selbst ist keine in sich geschlossene Einheit oder Entwicklung, sondern immer eine Beziehungsgestalt, in der das Ich verbunden ist mit Familie, Kultur, dem ganzen Dasein. Selbsterfahrung und Selbstverwirklichung bezeichnen den Prozess des In-Einklang-Kommens, der Heilung der Entfremdung zwischen dem einzelnen Menschen und seiner Mitwelt, den Weg zu Mitsein und Mitschwingen im Ganzen.

b) Psychotherapie und Menschenrechte

Wenn wir Psychotherapie als eine Art säkularisierter Seelsorge oder psychosozialer Hygiene betrachten, braucht sie eine ethische Orientierung, die nicht unbedingt an eine bestimmte religiöse oder kulturelle Tradition anknüpft, sondern im Einklang ist mit den Menschenrechten, dem modernen Kodex für eine interkulturelle Ethik, einem Weltethos als „Grundkonsens bezüglich bestehender verbindlicher Werte, unverrückbarer Maßstäbe und persönlicher Grundhaltungen" (zit. nach Schmidt 1997, S. 135). Menschenrechte existieren bis heute vielfach nur als Idee bzw. Ideal. Die Verwirklichung hängt ab von kulturellen, sozialen, wirtschaftlichen und politischen Verhältnissen, aber auch vom Verhalten jedes einzelnen Menschen.

Ideen tauchen bereits in der griechisch-römischen *Stoa* auf, die um 300 v.Chr. von dem Phöniker *Zenon* begründet wurde. Diese Philosophen betrachten es als ein Naturrecht, dass in jedem Menschen, ob arm oder reich, frei oder versklavt, Grieche oder Barbar, die universale Vernunft lebendig ist, aufgrund derer er eine unantastbare Würde und Anspruch auf Achtung besitzt. Im Christentum taucht dieser Gedanke in neuem Gewande wieder auf: alle Menschen sind Ebenbilder Gottes und daher gleich. Die Kirche zog daraus zwar nicht die entsprechenden sozialen und politischen Konsequenzen. Aber in dem Maße, wie sich seit der Renaissance und verstärkt durch die Aufklärung der Blick vom Jenseits auf das Diesseits richtete, wurde auch dieser Ansatz vom Himmel auf die Erde geholt und mündete in die Forderungen nach Freiheit, Gleichheit und Brüderlichkeit mit allen politischen Konsequenzen: Demokratie, freiheitliche Grundordnung und soziale Gerechtigkeit (Hartwich et al. 1964, S. 69 ff.).

Im Jahre 1948 wurde die „Erklärung der Menschenrechte" von den Vereinten Nationen (allerdings mit einigen Stimmenthaltungen) angenommen und bildet seither eine ethische Orientierung, die durchaus für den einzelnen Menschen und damit auch für die Psychotherapie von Bedeutung ist. Dazu einige Beispiele:

Die „angeborene Würde" wurde so manchem Menschen, der dann als Klient in Erscheinung tritt, durch seine Behandlung in der Kindheit, in Elternhaus, Schule und Berufsleben beschädigt, mit allen seelischen Verletzungen, die das mit sich bringt. Sie wieder herzustellen ist dann Therapieziel.

Der „Geist der Brüderlichkeit“, in dem Menschen sich begegnen sollen, konnte sich aufgrund der Sozialisation oft nicht entwickeln und muss dann mühsam im Rahmen einer Einzel- oder Gruppentherapie erfahrbar und lebbar gemacht werden, damit psychosoziale Gesundheit erlangt werden kann.

„Gedanken- und Gewissensfreiheit“ werden nur dadurch verwirklichbar, dass ein Mensch zu sich selbst findet, seinen eigenen Gedanken und seiner inneren Stimme, als einer vom kulturellen und familiären Hintergrund unabhängigen Instanz, zuzuhören traut. Ohne stärkende, ermutigende Begleitung ist dies manchen Menschen nicht möglich.

Das Recht auf Bildung „muss auf die volle Entfaltung der menschlichen Persönlichkeit“ gerichtet sein. Dieser Artikel 26 scheint mir von großer Relevanz nicht nur für die Pädagogik selbst, sondern auch für ergänzende und kompensatorische Maßnahmen wie Selbsterfahrung und Psychotherapie zu sein. Er definiert letztlich die Selbstverwirklichung, die Verwirklichung der individuelle Fülle menschlichen Lebens und Schicksals als Menschenrecht.

Als letzter und vielleicht umfassendster Aspekt sei noch die Stärkung eines Selbstbewusstseins genannt, das die ethischen Forderungen der „Erklärung der Menschenrechte“ auch einklagt, wo sie einem verweigert werden, um so die „angeborene Würde“ aufrecht zu erhalten bzw. wieder herzustellen.

Außerdem verpflichten Rechte immer auch zu etwas, und so gehen „Menschenrechte“ und „Menschenpflichten“ Hand in Hand: die Pflicht, sich für Humanität, Gewaltlosigkeit und Ehrfurcht vor dem Leben, für gegenseitige Achtung, Gerechtigkeit und Solidarität, zu Wahrhaftigkeit und Toleranz persönlich einzusetzen (Schmidt 1997), damit die Menschenrechte mehr und mehr verwirklicht werden können. Auch der Theologe Hans Küng erforscht in seinem Buch „Projekt Weltethos“ (1999, S. 82) ubiquitäre ethische Standards für das globale Zusammenleben, die in allen großen Weltreligionen formuliert werden und mithin ein transkulturell bewährtes Erbe tradierten Wissens um psychische Wirklichkeit und Gesundheit darstellen. Wollen wir in unseren Zielsetzungen Maßstäbe finden, die über eine Reparatur von Störungen und die Wiedererlangung der Arbeitsfähigkeit hinausgehen, dann empfiehlt es sich, uns in den größeren Zusammenhang einer solchen allgemeinverpflichtenden Ethik zu stellen und angesichts dieser unsere Absichten und Ziele zu deklarieren.

Menschenrechte und ethische Standards haben letztlich auch fundamentale Bedeutung für den konkreten Umgang des Therapeuten mit seinen Klienten. Gerade im psychotherapeutischen Setting, wo der Klient sehr persönliche und intime Dinge anvertraut und Gefühle zulässt, sind hohe ethische Standards zu verlangen. Hier ist in jeder Beziehung die Würde des Klienten zu achten, sein Recht auf Respekt, Wertschätzung und darauf, in eigener Verantwortung und nach eigenen Überzeugungen sein Leben zu gestalten. Dazu gehört zunächst die Freiwilligkeit der Behandlung. Die Entscheidung trifft immer der Klient ohne jegliche Art von Druck, nachdem der Therapeut sein Behandlungskonzept in leicht verständlicher Form erläutert hat, ohne dabei unhaltbare Versprechungen zu machen. Gerade begeisterte Berufsanfänger machen diesen Fehler oft und sind am Schluss enttäuscht – und der Klient auch. Daher sollte man ehrlicherweise gemeinsam davon ausgehen, dass es bei allem guten Wollen und Bemühen nie die Garantie für einen Behandlungserfolg gibt.

Das sich im Verlauf der Behandlung bildende Vertrauen des Klienten darf nicht missbraucht werden, weder materiell noch emotional oder gar sexuell. Die Schweigepflicht ist sehr ernst zu nehmen und gilt über das Ende der Behandlung und den Tod des Klienten hinaus. Der Therapeut ist verpflichtet, sich ständig fortzubilden und Supervision zu nehmen, um die Qualität seiner Arbeit zu sichern.

c) Ein zeitgemäßer Gesundheitsbegriff

Die Gesetze der einzelnen Länder können unterschiedlich sein, der Kultur, Geschichte und Mentalität des jeweiligen Volkes entsprechend. Die Menschenrechte als Rahmengesetzgebung sollten jedoch für alle Menschen, unabhängig von ihrer Nationalität, gelten. Bei den Musiktherapeuten kann man ebenso eine breite Vielfalt an Schulen und Tendenzen tolerieren, es sollte aber ebenso einen Rahmen geben, in dem sich möglichst alle wiederfinden können. Dieser Rahmen ist abgesteckt durch das herrschende Gesundheitssystem. Man muss ihm nicht kritiklos huldigen, aber realistischerweise die Tatsache anerkennen, dass jede konkrete Patient-Therapeut-Beziehung darin stattfindet – und auch Verbesserung nur darin möglich ist.

Das Gesundheitssystem handelt grundsätzlich im Einklang mit universitärer Forschung und Lehre, das bedeutet auch auf der Basis der gegenwärtigen Wissenschaftsparadigmen, seiner Methoden und seiner Sprache. Hier gibt es eine breite Basis mit anderen Gesundheitsberufen, die einer gegenseitigen

Verständigung bedarf, damit Zusammenarbeit im Dienste des Klienten stattfinden kann. Das Gesundheitssystem mit seinen institutionellen Gegebenheiten und den Menschen, die darin arbeiten, bilden also den Rahmen, innerhalb dessen Musiktherapeuten im allgemeinen arbeiten und für den sie ausgebildet werden müssen.

Die Frage nach der Anerkennung der Musiktherapie als Heilmethode bzw. der Musiktherapeutin/des Musiktherapeuten als Heilberuf ist eng verknüpft mit der Entwicklung des Gesundheitssystems und da beginnt es bereits, schwierig zu werden. Nach Fuchs (2003) steckt der Fehler im System, da es sich durch einen Begriff definiere, der selbst nicht definiert sei. Es müsse eigentlich „Krankheitssystem" heißen, da bislang nicht „Gesundheit" sondern nur „Krankheit" definiert sei. Gesundheit sei kein positiver Wert, denn das System interessiere sich für Krankheiten – weil es wachsen müsse. Es orientiere sich an der Leitunterscheidung zwischen gesund und krank, die eine systemimmanente sei, und insofern sei der positive Begriff für das System „krank", da nur er die im System abarbeitbaren Anschlüsse liefere. Der Begriff „gesund" als diffuser Wert erspare die Kosten der Reflexion.

Stimmt man dem zu, spielt die Medizin – mit Recht! – die dominierende Rolle in diesem System. Erst wenn Gesundheit und ihre Erhaltung mehr Gewicht bekommen, werden Berufe, die im Umfeld von Krankheit (also in den Bereichen Prävention, Rehabilitation, psychosoziale Hygiene etc. und in Institutionen wie Kindergarten, Schule, Volkshochschule, Gesundheitszentren, Hospizen usw.) eingesetzt werden, in ihrer ganzen Bedeutung für die Gesundheit des Menschen erkannt und entsprechend aufgewertet werden. In einem solchen sprichwörtlichen „Gesundheitssystem" würde es zwar natürlicherweise weiterhin Krankheit und Tod geben. Es ginge jedoch darum, vermeidbare Schädigungen, die unnötiges Leid verursachen, durch entsprechende Maßnahmen wie Aufklärung, Früherkennung etc. auch tatsächlich soweit wie möglich zu vermeiden. Dies wird bisher nur ansatzweise praktiziert.

Es klingt nach Utopie – genau wie die Durchsetzung der Menschenrechte. Gesundheitspolitiker, die mit den derzeit verkrusteten Strukturen von Macht und Geschäft konfrontiert sind, sind wahrlich nicht zu beneiden. Dennoch ist eine solche Orientierung, Schritt für Schritt, die einzige Alternative zu Resignation.

Ethik und Ziele in der Psychotherapie bedürfen der Klärung, was gesund und was krank ist und welchen ethischen Zielen eine Behandlung dient. Die Debatte darüber ist seit Jahren in vollem Gange (vgl. Kremer 1982), wobei auch hier die Menschenrechte und die World Health Organisation (WHO) als interkulturelle humanitäre Grundlage genommen werden. Die WHO definiert nämlich Gesundheit, bereits seit 1946. Danach ist Gesundheit ein „Zustand des vollkommenen körperlichen, seelischen und sozialen Wohlbefindens und nicht nur das Freisein von Beschwerden und Krankheiten“ (www.gesundheit-psychologie.de). Dies ist nicht möglich ohne eine psychologische Gesundheitsförderung, die Menschen in ihrer persönlichen Entfaltung von Lebenssinn unterstützt und die Auseinandersetzung mit Sinnfragen bezüglich Krankheit, Sterben und Tod einbezieht.

Zur Würde des Menschen gehört grundsätzlich, dass er sein Schicksal selbst trägt bzw. tragen lernt, dass er die kollektiven Bedingungen, unter denen wir alle angetreten sind und zu denen Krankheit und Tod eben dazugehören, akzeptiert und dass er auch die individuelle Ausgangssituation zunächst einmal so annimmt, wie sie ihm gegeben wurde. Wer unter schwierigen Bedingungen gestartet ist, hat es damit schwerer und braucht manchmal die Unterstützung durch professionelle Helfer. Ob der uns begegnende Klient an eine uns letztlich nicht bekannte Größe glaubt, die hinter dem scheinbar ungerecht verteilten Schicksal waltet oder ob er alles für Zufall hält, ob er sich von einem Glaubenssystem getragen weiß oder die Dinge so nimmt wie sie kommen, demgegenüber ist eine Haltung therapeutischer Abstinenz angemessen. Wir sind nicht autorisiert, mit der Verbreitung von Weltanschauungen zu helfen, sondern jeden Menschen mit dem anzunehmen, was er mitbringt. Gerade in modernen Gesellschaften, in denen Menschen mit verschiedenen kulturellen Hintergründen leben, ist das zu beachten. Dennoch gibt es Richtlinien, an die wir uns halten können, ohne ideologisch zu manipulieren.

Die WHO und ihre Ansätze für einen modernen Gesundheitsbegriff gehen weit über die Abwesenheit von Krankheit hinaus und begreifen den Menschen nicht als vom Rest der Welt abgetrennt existierendes Wesen, sondern sein Dasein als Mitsein (ganz im Sinne Heideggers). Konsequenterweise werden dann auch Symptome nicht mehr als isolierte Phänomene betrachtet. Sie sind sinnvoller Ausdruck einer Störung im Ganzen des biopsychosozialen Organismus', der wiederum Teil eines umfassenderen biopsychosozialen Organismus' ist. Es geht nicht nur darum, Symptome zu beseitigen, sondern sie ernst zu nehmen, ihre Sprache zu verstehen und an ihnen zu wachsen.

Manchmal bedeutet dieses Wachstum auch, einverstanden zu sein mit Krankheit und Tod, wenn dieses Schicksal vom Menschen nicht zu wenden ist. Das fordert dem Menschen das Höchste ab – macht ihn aber auch groß, wenn er es in Würde trägt. Manchmal sind die gesundheitlichen Probleme aber auch „menschengemacht", und dann handeln wir im Einklang mit den Menschenrechten, wenn wir ein solches Schicksal zu wenden helfen. Eine entsprechende Psychopathologie lässt sich definieren als durch die menschliche Umgebung (mit) verursachte Insuffizienz zur individuellen Verwirklichung des Selbst.

Neben der medizinisch-psychologischen Krankheitslehre, ihrer differenzierten Diagnostik und ihren psychodynamischen Beschreibungen, die in der Literatur zu finden sind, ging es mir in diesem Kapitel um Anstöße zur Reflektion der Grundlagen unseres therapeutischen Handelns, bevor wir im folgenden mehr ins Detail gehen.

2. Musik und Entwicklungspsychologie

a) Prä- und postnatale Zeit

„Erstens: vor der Individuation hören wir voraus – das heißt: das fötale Gehör antizipiert die Welt als eine Geräusch- und Klangtotalität, die immer im Kommen ist; es lauscht ekstatisch vom Dunkeln der Tonwelt entgegen, meist weltwärts orientiert, in einer unentmutigbaren Vorneigung in die Zukunft. Zweitens: nach der Ichbildung hören wir zurück – das Ohr will die Welt als Lärmtotalität ungeschehen machen, es sehnt sich zurück in die archaische Euphonie des vorweltlichen Innen, es aktiviert die Erinnerung an eine euphorische Enstase, die uns wie ein Nachleuchten vom Paradies her begleitet."

Peter Sloterdijk (1993, S. 301)

Der ursprünglichste und prägendste Klangraum ist der Mutterleib, jene Urhöhle, dessen Lautsphäre an den Wurzeln unserer Persönlichkeit wirkt. In dieser frühen, vorsprachlichen Welt sind Erfahrungen körperlicher und akustischer Natur noch nicht getrennt. Der Fötus hört den mütterlichen Herzschlag, das Rauschen des Blutes und andere Klänge nicht nur als akustische Phänomene, sondern er schwingt und wächst darin. In der Empfindung eines permanenten rhythmischen Druckwechsels durch das Schwingen des mütterlichen Zwerchfells findet ein ständiges Abstimmen der Rhythmen aufeinander statt, was sich später in den Einschwingvorgängen der Kommunikation des Säuglings mit der Mutter und anderen frühen Versuchspersonen fortsetzt. Mutter und Kind kommunizieren in einer körperseelischen Einheit intensiv miteinander. Gleichzeitig hört das Kind die Stimme der Mutter, des Vaters und anderer Bezugspersonen, deren Klang und Sprachmelodie seine wichtigsten Bezugspunkte und Quellen atmosphärischer Informationen über die Situation sind, in die es hineingeboren wird.

Viele erste Eindrücke von dieser Welt sind musikalischer Art: Rhythmus, Klang, Melodie, Stimme, wie vielfach durch Forschung belegt (Nöcker-Ribaupierre 1995, S. 46 ff., Schumacher 1998, S. 90 f.). Während seiner fetalen Existenz reagiert der Mensch (für die Mutter) spürbar stark auf musikalische Ereignisse, die zum Teil auch nachweislich Einfluss auf das spätere Leben haben (Verny 1983). Die akustische Grundsituation ist bei allen Menschen sehr ähnlich. Individuelle Unterschiede richten sich vor allem nach der Art und Weise der mütterlichen Stimme und ihrer individuellen Lebensumstände.

Die intrauterine Klangwelt (Fassbender 2002, Fischer/ Als 2003, S. 25 f.) ist ein idealer und prägender Ort des Lernens, deren Erfahrungen postnatal anzuwenden versucht wird und in dem sich bereits Vorlieben herausbilden. In dem reichhaltigen akustischen Angebot der intrauterinen Existenz ist die mütterliche Stimme mit ihren Charakteristika Intonation, Rhythmus und Betonung vorherrschend. Es wurde nachgewiesen, dass die Mutterstimme das verbindende Glied für das Kind zwischen dem fetalen Leben und dem Leben nach der Geburt sei. Das Neugeborene erkennt die Stimme seiner Mutter aus vielen vorgespielten Tonbandbeispielen heraus.

Dies wird speziell in der therapeutischen Arbeit mit Frühgeborenen eingesetzt (Nöcker-Ribaupierre 2003), hat aber auch elementare Bedeutung für die Musiktherapie überhaupt. Wenn wir die tiefenpsychologische Bedeutung der Kindheit, besonders der frühen Kindheit, konsequent weiterdenken, gelangen wir logischerweise in die pränatale Phase, in der das Kind sehr wohl wahrzunehmen in der Lage ist, in welche Situation es hineinwächst, inwieweit es dort willkommen usw. Durch das oben Gesagte wird auch deutlich, dass das therapeutische Potential der Musiktherapie durch die Einbeziehung des Körpererlebens und des Atems erheblich erweitert wird.

Die vorsprachliche Entwicklungsphase umfasst die Zeit vor, während und nach der Geburt. Hier hat Sprache in ihrem semantischen Gehalt keinerlei

Bedeutung. Was sich vermittelt, sind Stimmklang, Lautsphäre und körperliche Berührung. In diesem Beziehungsfeld bilden sich die Grundmuster der Persönlichkeit aus.

Die Stimme der Mutter bildet die erste Brücke zwischen dem intrauterinen Erleben und der Erfahrung der äußeren Welt. Hinzu kommen nach der Geburt auf der akustischen Ebene: Saug- und Schmatzgeräusche, Stimmklänge des Vaters und anderer früher Bezugspersonen, deren Zusammenklänge (!), Töne und Geräusche des Alltags im Haus und von draußen und Musik (Decker-Voigt 1991, S. 116 f.). Dies kann sowohl für Erlebnisse im Rahmen der rezeptiven als auch der aktiven Musiktherapie wichtig sein. Auf der taktilhaptischen Ebene spielt beispielsweise die Art und Weise des persönlich angebotenen Körperkontaktes, den die Mutter und andere Personen aus dem frühen Umfeld offerieren, eine Rolle. Auch Berührung ist bereits eine Form von „Sprache", dient, gemeinsam mit den stimmlichen Äußerungen, der Mitteilung wesentlicher Inhalte: Bin ich willkommen? Bin ich geliebt? Genießt die Mutter (hier auch als Symbol für die Welt) mein Dasein oder ist dies eine Welt des Verdrusses, der Angst, des Leidens? Wenngleich der Säugling natürlich nicht in unserer Weise „denkt", breiten sich diese elementaren Botschaften dennoch deutlich als Empfindung an den Wurzeln seiner Persönlichkeit aus und beeinflussen nachhaltig seine Entwicklung.

Die moderne Säuglingsforschung betont die Kompetenz des Säuglings (Dornes 1993). Bereits Spitz (1976) beschreibt, dass auf der Ebene nonverbaler Kommunikation Botschaften der Mutter durch Handlungen vermittelt werden, die der Säugling auf der Basis coenästhetischer Wahrnehmung aufnimmt und versteht. Zu dieser ganzheitlichen Wahrnehmungsform rechnet er Gleichgewicht, Körperspannung, Körperhaltung, Temperatur, Vibration, Haut- und Körperkontakt, Tempo, Dauer, Tonskala und Klangfarbe. Stern (1992) fand bei seinen Forschungen heraus, dass der Säugling aktiv Kommunikation steuern, d. h. einleiten, regulieren und beenden kann. Die entscheidende Rolle dabei spielen die sog. Vitalitätsaffekte, die unterschiedlichen Arten des Fühlens, die mit allen elementaren Vorgängen des Lebens verbunden sind. Als anschauliche Beispiele dafür nennt Stern abstrakten Tanz und Musik, wo es nicht um spezifische Gefühlsinhalte geht, sondern eine Art des Fühlens ausgedrückt werden soll. Der Säugling erlebt nach Stern in ähnlicher Weise seine soziale Welt als eine Welt der Vitalitätsaffekte, bevor sie sich zu einer Welt der formalen Handlungen entwickelt. In seinem Vortrag auf dem 8. Weltkongress für Musiktherapie in Hamburg 1996 betonte er gerade die Bedeutung der akustischen Umwelt („sound environment") und die Fähigkeit des Kindes, daraus verschiedene Strukturelemente zu erkennen, z. B. Dauer und Rhythmus, und darauf zu reagieren. Es lässt sich von daher gut verstehen, dass durch den therapeutischen Einsatz musikalischer Elemente tiefe Regression erreicht werden kann.

Schumacher (1998, S. 87) konstatiert, dass Säuglingsforscher ihre Aufmerksamkeit auf das Zusammenspiel zwischen Säugling und betreuender Person (im Idealfall sicher die leibliche Mutter) richten – dem sogenannten „anderen". Die Persönlichkeit oder ein „Selbst" kann sich nur in diesem dialogischen Zusammenspiel entwickeln. Wenn die akustische und taktil-haptische Umwelt für den Säugling das Interaktionsfeld darstellt, in dem sich die Grundmuster seiner Persönlichkeit bilden, dann ist von entscheidender Bedeutung, wie der Kontakt zum „anderen" bzw. den ersten Bezugspersonen hergestellt werden kann. Können sie sich in das frühkindliche Kommunikationsvermögen einfühlen? Oder fühlt sich das Kind „unerhört" – mit allen Konsequenzen?

Im Hinblick auf die therapeutische Intervention muss hier reflektiert werden, ob und wie korrigierende Neuerfahrungen möglich gemacht werden können, wie es gelingen kann, Anschluss zu finden an diese Zeiträume und innere Prozesse zu initiieren (siehe von Moreau/ Wölfl 2002).

Dies kann direkt geschehen, wie Lenz (2001) in ihrer Arbeit mit sogenannten „Schreibabies" dokumentiert. Die frühen Sinneseindrücke werden aber auch gespeichert, vor der Bewusstseinsschwelle in sogenannten „Gedächtnisbanken des Gehirns". Sie sind später nicht primär durch den Verstand abrufbar, sondern wenn eine dem frühen Erleben des Menschen analoge Situation experimentell angeboten wird (Loos 1996, S. 183). Akustische und taktil-haptische Erfahrungsangebote sind die idealen therapeutischen Zugangsmöglichkeiten, d. h. konkret: Elemente aus Körperwahrnehmung, Atemtherapie, rezeptiver und aktiver Musiktherapie.

Der Säuglingsforscher Daniel Stern brachte die Psychotherapieforschung im Hinblick auf Erkenntnisse über frühes Erleben an den Wurzeln der Persönlichkeit enorm weiter. Seine Forschungen belegen eine Analogie zwischen der frühen Mutter-Kind-Interaktion und musikalischen Strukturen wie Takt, Rhythmus, Dauer, Konstanz und Variation in Stimmklang und Sprachmelodie bzw. spielerischem Lautieren. Dieser emotionsbesetzte, improvisierte, nach musikalischen Prinzipien geordnete frühe Dialog ermöglicht bei der frühen Persönlichkeit das Empfinden und Strukturieren des Selbst und das

Erleben einer anderen Person, die dieselben Gefühle teilt oder unterschiedliche Gefühle ausdrückt. Der Säugling ist ein kommunikationsbegabtes Wesen mit hoher Kompetenz auf der nonverbalen Ebene, und er gedeiht am besten, wenn die Mutter und andere frühe Bezugspersonen ausreichend oft und einfühlsam mit ihm interagieren.

Die Babysprache, die Mütter und andere Einfühlsame instinktiv verwenden, ist eine Form des lautmalerischen Dialogisierens – und damit dem frei improvisierten Dialog oder der Gruppenimprovisation in der Musiktherapie vergleichbar. Stern spricht von „Attunement“, was man mit „Sicheinschwingen“ oder „Sicheinstimmen“ übersetzen kann. Die Nähe zur Musiktherapie wird hier schon sprachlich deutlich und kann im musiktherapeutischen Prozess erfahrbar werden. Im Spielen wird erlebt und im anschließenden Sprechen über das Spielen bewusst, wie die angewöhnten Denk- und Verhaltensmuster im Alltag Lebendigkeit und Kontakt zurückhalten. Oft braucht es dabei vor allem den Ausdruck schmerzhafter Gefühle, um den Weg für etwas Neues zu bahnen. Das Aushalten, die nicht wertende Akzeptanz aller Gefühle (auch der „schwierigen“) durch den Therapeuten, ermöglicht dem Patienten, dass er bei sich da ankommt wo er ist, denn nur von dort aus ist Wandlung möglich. Der Therapeut schwingt sich dort mit ihm ein und macht sich mit ihm auf den Weg. Dies ist der Weg dyadischer Musiktherapie.

Auch eine Analogie zwischen musikalischer und biopsychosozialer Dynamik ist beschreibbar. Die Phänomene Resonanz, Synchronisation und Regulation sind in allen lebenden Systemen die Basisfaktoren dynamischer Prozesse und speziell die entscheidenden Bedingungen zwischenmenschlicher Beziehungen (Lenz 2000). *Resonanz* ist die Qualität des Mitschwingens, *Synchronisation* meint proportionales Sicheinschwingen, eine zeitliche, rhythmische Übereinstimmung, eine passende Schwingung mit Anderem erreichen, *Regulation* die Steuerung der Anpassung an wechselnde Bedingungen, das Prinzip der permanenten Herstellung eines Fließgleichgewichtes. Das Leben schwingt zwischen den Polen Chaos (als Wandlungsdynamik) und Ordnung (als Dauer- und Zusammenhaltdynamik) und stimmt sich immer wieder zusammen-auseinander, konsonant-dissonant im lebendigen, atmenden Pulsieren. Sterns implizites Beziehungswissen meint diese Dynamik auf der Ebene des Menschseins. Die frühe Beziehungserfahrung ist Basis der Persönlichkeit, die (personare) durchtönt wird, wenn Durchlässigkeit zugelassen werden kann.

Heideggers These, dass Dasein immer Mitsein ist, lässt sich unter diesen Aspekten auch so beschreiben: Sein (auch als Mensch) heißt, Teil eines schwingenden Netzwerkes sein. Zustimmen bedeutet dann resonantes Mitschwingen, sich in Abstimmung auf das größere Ganze im größeren Ganzen bewegen. Störungen von Ordnungen mit den entsprechenden Beziehungserfahrungen bewirken, dass diese Fähigkeiten nicht oder nicht ausreichend entwickelt werden. Dann sollen Panzer, Erstarrung, Undurchlässigkeit vor der schmerzhaften Wiederholung traumatischen Erlebens schützen. Dies geht aber eben auf Kosten der Möglichkeit, adäquat mit einem Du mitzuschwingen und berührt werden zu können, der Fähigkeit des (situationsadäquat konsonanten oder dissonanten) Resonant-Seins.

Wenn Novalis sagt: „Jede Krankheit ist ein musikalisches Problem" meint er, so glaube ich, dieses Verstimmtsein ohne die Möglichkeit zu Resonanz, Synchronisation und Regulation, zum Sich-wieder-einstimmen auf sich und die Welt. Das dynamische Wechselspiel von Sich-Synchronisieren und Sich-Abgrenzen, von Anpassen an das Eigene und Anpassung an die Welt formt und erhält das Selbst, reguliert Beziehung zu sich und anderen immer wieder neu.
Musik macht Schwingungsverhältnisse hörbar, wahrnehmbar. Das Kraftfeld des Lebens schwingt zwischen den Polen Spannung-Entspannung, Dissonanz-Konsonanz, Erregung-Beruhigung, Einatmen-Ausatmen, Konflikt-Lösung. Der Evolutionsprozess, von dem wir ein Teil sind, wandelt sich ständig vor dem Hintergrund elementarer Gesetzmäßigkeiten: Einstimmung-Zustimmung-Umstimmung-Verstimmung-Umstimmung-Einstimmung-Zustimmung...

Diese Phänomene spielen in der Psychotherapie eine wesentliche Rolle. Musiktherapie ermöglicht ihr unmittelbar-sinnliches und verdichtetes Erleben auf der Ebene akustischer Schwingungen, wobei Körper und Atem einbezogen sind. Auf dieser Ebene können wir Beziehung gestalten ohne Worte. In manchen klinischen Situationen ist dies das einzig Mögliche – und gerade hier kann eine tiefenpsychologisch orientierte psychotherapeutische Intervention wohlbegründet sein! Dann vermag Musiktherapie unabhängig von Sprache zu arbeiten, z. B. in der neurologischen Rehabilitation, in manchen psychiatrischen und onkologischen Bereichen, in multikulturellen Kontexten. Auch die Bedeutung des musikalischen Erlebens in den ersten Lebensmonaten ist hier von Bedeutung (Bruhn/ Oerter 2002). Die Arbeit mit sprachfähigen Menschen ist gekennzeichnet durch ein sinnbezogenes, im Verhältnis immer wieder neu auszubalancierendes Wechselspiel von Erleben und Darübersprechen.

Jeder Psychotherapeut achtet bewusst oder unbewusst auf die Botschaften jenseits des semantischen Gehaltes von gesprochenen Worten, auf die sog. paralinguistischen oder außersprachlichen Elemente des Sprechens: auf Stimmklang, Tonhöhe, Lautstärke, Sprachrhythmen sowie auf Gestik, Mimik, Körperhaltungen und -bewegungen. In der Musiktherapie stehen darüber hinaus Musikinstrumente, Singstimme und Bewegung zur Verfügung. Kontakt und Begegnung können im Spiel stattfinden.

b) Musikalische Sozialisation und Biographie

Die musikalische Sozialisation beginnt also bereits intrauterin, z. B. durch Musik, die während der Schwangerschaft häufig gehört wurde. In der postnatalen Zeit stellen in allen kulturellen Traditionen Schlaf- oder Wiegenlieder die ersten in sich geschlossenen musikalischen Einheiten dar, die sich wirksam einprägen. Es folgen die Kinder- und Volkslieder der jeweiligen Kultur sowie andere populäre Lieder im Zeitgeschmack. Dieses Liedgut ist für die Musiktherapie in einigen klinischen Bereichen von großer Bedeutung. Muthesius (2003) beispielsweise sammelte für die Geriatrie populäre Lieder nach Jahreszahlen geordnet, sodass man anhand des Geburtsjahrganges der Klienten feststellen kann, welche Schlager in deren Jugend aktuell waren, um musikalisch an diese emotional stark besetzten Ressourcen anknüpfen zu können.

Bei der weiteren Entwicklung ist der Einfluss des Elternhauses, seines musikalischen Engagements und Bildungsniveaus bedeutsam: Wurde viel Musik gehört? Bewusst oder nur als Kulisse? Gab es eher klassische Musik zu hören, Jazz oder Popmusik? Wurde über Musik gesprochen? Gab es Instrumente im Hause? Machten die Eltern aktiv Musik? Bekam der Klient Unterricht und wie hat er das erlebt? Auch Peergroups, Schule und Medien beeinflussen die musikalische Sozialisation (Shuter-Dyson 2002).

Die musikalische Sozialisation spielt im Rahmen der musiktherapeutischen Behandlung immer eine gewisse Rolle, ob man bewusst darauf eingeht oder nicht. In welchem Umfang und in welcher Form dies geschieht, hängt meist davon ab, welche Vorgehensweisen gewählt werden, beispielsweise ob im rezeptiven Rahmen Musik in Form von Stücken gehört wird oder ob frei improvisiert wird. Beim Hören von Musikstücken können Erlebnisse auftauchen, die mit diesen in einem biographischen Zusammenhang stehen. Lebensgeschichtliche Erinnerungen und ihre emotionale Besetzung können aber auch absichtslos aktiviert werden durch die improvisierte Musik in der

Musiktherapie. Ein Geräusch, ein Klang, eine musikalische Gestalt oder eine Erfahrung im Zusammenspiel der Improvisation erinnert an Zustände und Ereignisse – unter Umständen auch unabhängig von der musikalischen Sozialisation.

Die Wirkung des Musikalischen ist hier eine assoziative. Beispielsweise erinnert der Klang eines Instrumentes an die Mutterstimme und weckt ein gefühlsmäßiges Erleben im Klienten, mit dem man dann weiter arbeiten kann. Ein melodisches Motiv erinnert an ein Lied, welches erklang, als eine Klientin eine schmerzhafte Erfahrung machte, eine schlimme Todesnachricht bekam oder eine erschütternde Trennung vollzogen wurde. Der traumatisierende Aspekt der Musik hat dann nichts mit der Musik selbst zu tun, sondern mit dem schicksalsmäßigen Zusammenhang, in dem ihre Rezeption steht.

Auf diese Weise können in einem musiktherapeutischen Prozess spontan immer wieder biographisch bedeutsame Musikerfahrungen auftauchen und ggf. bearbeitet werden. Viele Musiktherapeuten gehen ganz bewusst mit dieser Möglichkeit um und fragen bereits bei der Anamnese gezielt danach. Verbale und musikalische Elemente kombiniert die Methode des „Musikalischen Lebenspanoramas", die mit den emotionalen Bedeutungen von Musikerlebnissen für den Lebenslauf arbeitet (Frohne-Hagemann 2000, S. 59 ff.). In einer tiefenpsychologisch orientierten Musiktherapie wird die Thematik Musik – Sozialisation – Lebensgeschichte also sicher in der einen oder anderen Form Beachtung finden.

3. Aspekte der musiktherapeutischen Beziehung

a) Interaktion: Ausdruck und Resonanz

Von Kaiser Friedrich II. wird ein grausames Experiment berichtet. Er ließ Kinder nach der Geburt von ihren Müttern und allen anderen Pflegepersonen isolieren. Sie bekamen eine adäquate Temperatur und Ernährung, die äußeren Umstände, die ein Kind braucht, um sich zu entwickeln, aber keine zwischenmenschliche Beziehung. Alle Kinder starben.
Der Mensch ist ein Beziehungswesen. Ohne Beziehung, ohne emotionale Resonanz, ohne Anklang zu finden, „die Gewissheit, gehört, wahrgenommen und als wertvoll erachtet zu werden" (Gindl 2001, S. 39 f.) kann er nicht wachsen und gedeihen, und die Qualität der Beziehung ist prägend für sein

Leben und sein Schicksal. Hier wird noch einmal spürbar, was die Forschung belegt (Czogalik 1988): In allen Psychotherapie-Verfahren ist die Qualität der therapeutischen Beziehung der bedeutendste Faktor. Aufmerksamkeit und Antwortbereitschaft, Respekt und Empathie, das Aushalten des „Schwierigen" beim Klienten und ein Handeln im Dienste des Klienten ermöglichen eine korrigierende Neuerfahrung von Beziehung und damit einen Raum für die Heilung.

Interaktion ist das Wechselspiel von Ausdruck und Resonanz. Ein Mensch drückt etwas von sich aus (Aktion), und ein „Anderer", eine „Andere", die „Welt" gibt darauf Resonanz (Reaktion). Ist die Grunderfahrung, dass die „Welt" nicht genügend oder nicht adäquate Resonanz gibt, wird die Persönlichkeit gestört. Psychotherapie versucht dann, durch Vermittlung einer positiven Beziehungserfahrung heilsame Impulse zu geben. Der musikalische (und sonstige) Ausdruck in der Musiktherapie sollte daher immer in Beziehung geschehen. Einsames Trommeln als kontaktlose Energieabfuhr ist nicht therapeutisch in diesem Sinne.

Wie wir im Abschnitt über die früheste Lebensphase gesehen haben, sind Antwort und Resonanz existentiell, bildet sich das Selbst durch ein Wechselspiel von Geborgenheit in der Einheit und Erleben der Grenze zwischen dem eigenen Sein und dem der Bezugsperson. In diesem Prozess, der von nonverbalen, akustischen, haptischen und später auch visuellen Komponenten geprägt ist, lernt der Mensch sich auszudrücken, dieses „Sich" ins Spiel zu bringen, und darauf Resonanz vom „Nicht-Sich", vom Anderen zu erhalten.

Der Begriff „Resonanz" hat in der Musiktherapie eine besondere Bedeutung. Konkret bezieht er sich auf ein musikalisches Phänomen in seiner physikalisch-akustischen Komponente, das Mitschwingen von Klangkörpern, von Saiten und Instrumenten, wenn Schall erzeugt wird. Nimmt man noch das empathische leib-seelische Mitschwingen des Musiktherapeuten dazu, von Langenberg (1988) als „Resonanzkörperfunktion" beschrieben, dem er dann auf seinem antwortgebenden Instrument Ausdruck verleiht, so hat Resonanz hier eine doppelte Bedeutung (vgl. auch Gindel 2001, S. 40 f.): bei der Resonanz entsteht Wechselseitigkeit, ein emotionaler Ein- und Abstimmungsprozess, der über das herkömmliche Konzept von Übertragung und Gegenübertragung (vgl. nächster Abschnitt) hinausgeht.

In den 60er und 70er Jahren kamen therapeutische Techniken in Mode, die z. B. im Einschlagen auf Kissen oder lautem Schreien Katharsis bewirken sollten. Auch in der Musiktherapie gab und gibt es Tendenzen, beziehungslos auf Instrumente einzudreschen und Lärm zu machen. Solche Aktivitäten sind allerdings kaum therapeutisch sinnvoll. Starker Gefühlsausdruck führt nur in Beziehung zum Therapeuten oder zu Gruppenmitgliedern zu dem eigentlich gewünschten Ergebnis: nämlich mit diesen Gefühlen wahrgenommen zu werden und Resonanz zu bekommen. Daher ist es legitim, in einer solchen Situation zu intervenieren und dem Klienten anzubieten, diesen intensiven Gefühlsausdruck fortzusetzen, aber damit in Beziehung zu gehen und diesen im Wechselspiel von Ausdruck und Resonanz zu gestalten.

Was bedeutet dies alles nun konkret für den Musiktherapeuten? Zunächst, ganz grundsätzlich: er ist, wie jeder Psychotherapeut, ein Beziehungsspezialist. Er hat durch entsprechende Erfahrung und Schulung seine eigenen Beziehungsfähigkeiten und -schwächen kennen gelernt. So kann er in Beziehung unterscheiden, was zu ihm selbst gehört und was zum Klienten. Auf dieser Basis gestaltet er die therapeutische Beziehung als eine professionelle Beziehung mit verschiedenen Aspekten: reale Beziehung, Übertragung und Gegenübertragung sowie Arbeitsbeziehung bzw. Arbeitsbündnis. Professionell daran ist vor allem, dass der Therapeut diese Beziehung in den Dienst am Klienten stellt, dass er verzichtet auf die Befriedigung eigener Bedürfnisse zu Lasten des Klienten und die Realisierung eigener Wert- und Normvorstellungen. Dieser moderne Begriff von Abstinenz (vgl. Wöller/ Kruse 2001, S. 71 f.) setzt allerdings voraus, dass der Therapeut sich dieser primär unbewussten Tendenzen bewusst ist.

Im folgenden sollen diese für die therapeutische Arbeit so wichtigen Beziehungsaspekte, unter Beschränkung auf das Wesentliche, behandelt werden.

b) Realbeziehung, Übertragung und Gegenübertragung

Die therapeutische Beziehung ist eine professionelle Realbeziehung, in der Übertragung und Gegenübertragung – die Aspekte jeder zwischenmenschlichen Beziehung sind – eine besondere Rolle spielen. Sie basieren auf dem Prinzip der Wiederholung. Als repetitive Beziehungsmuster sind sie an den Wurzeln der Persönlichkeit durch interpersonelle Grunderfahrungen angelegt und werden immer wieder reinszeniert, als würde der Mensch das gleiche Theaterstück immer wieder mit wechselnden Ensembles aufführen. Man spricht hier auch von Skript oder Drehbuch. Diese Muster werden auf den Therapeuten projiziert oder übertragen, und in seiner Gegenübertragung reagiert er darauf. In diesem Wechselspiel, das sich in der Klient-Therapeut-

Beziehung inszeniert, liegt die Möglichkeit zu einem tiefen Verständnis für das Schicksal und die Problematik des Klienten.

Gleichzeitig durchläuft jeder Mensch einen mehr oder weniger ausgeprägten Entwicklungsprozess, in dem Realbeziehungen auch immer wieder die Möglichkeit zur Wandlung bieten. Bei traumatischen Beziehungserfahrungen, die therapeutischer Intervention bedürfen, fällt dies aber so schwer, dass es ohne professionelle Hilfe kaum oder gar nicht zu bewältigen ist. Tiefenpsychologische Psychotherapie bietet hier eine hilfreiche professionelle Beziehung an, die eine Bewusstmachung, Klärung und heilsame Neuerfahrung zwischenmenschlicher Begegnung bewirken soll. Wie in jeder anderen zwischenmenschlichen Begegnung mischen sich Realbeziehung und Übertragung: „Jede Realbeziehung enthält Übertragungselemente, und jede Übertragung wird durch Aspekte der Realität des Therapeuten ausgelöst" (Wöller/ Kruse 2001, S. 155).

In der klassischen Psychoanalyse als eine der Urformen moderner Psychotherapie stand die Beachtung von Übertragung und Gegenübertragung als methodischer Zugang zum Patienten sehr im Zentrum. Neben den hohen Ausgangsvoraussetzungen, durch die viele schwierige Patienten und ganze klinische Bereiche von der Psychoanalyse ausgeschlossen blieben, ist es vor allem eine rigide Handhabung der Übertragungsdeutung, die dieser Klientel unerträglich sein muss, also wenn Abstinenz quasi den Verzicht auf eine Realbeziehung bedeutet, um die gewünschte Übertragungsneurose nicht zu gefährden. Viele Klienten haben (und dies wurde mir mehrfach berichtet) ihre „methodisch stringenten" Analytiker als frustrierend erlebt, weil diese auf ihren leidvollen Hunger nach Beziehung nicht reagieren wollten oder konnten, sondern sie immer wieder auf sich selbst zurückwarfen. So manche hohe Stundenzahl lässt sich wohl darauf zurückführen, dass Analytiker, um sich zu schützen, mit den Analysanden in einen zähen Clinch gerieten, indem realistische Wahrnehmungen durch die Übertragungsdeutung so dargestellt wurden (hoffentlich immer weniger werden), „als bilde sich der Patient im Hier und Jetzt alles nur ein. Dadurch wird die situative Wahrheit der Wahrnehmung des Patienten übergangen, und es ergeben sich oft schwerwiegende Zurückweisungen und Kränkungen mit nachfolgenden Aggressionen" (Thomä/ Kächele 1986, S. 77 f.). Es braucht schon eine stabile Ich-Struktur, um ein solches Therapeutenverhalten unbeschadet zu überstehen. Das Wagnis einer therapeutischen Beziehung, in der die Wahrnehmungen des Klienten als solche ernstgenommen werden und darauf Resonanz gegeben wird, ist heute wohl das Mindeste, auf was sich ein moderner Psychotherapeut einzulassen hat. Dazu muss er selbst es in seiner Lehrtherapie erfahren haben.

Übertragung und Gegenübertragung sind stets wichtige Elemente in einer Beziehung und sollten daher in der therapeutischen Beziehung wahrgenommen und erkannt werden können, zum einen aus Gründen der Klarheit und zum anderen aus therapeutischen Gründen. Der Therapeut muss also zwischen seinen eigenen Anteilen und denen des Klienten unterscheiden können, und der Prozess sollte eine allmähliche Auflösung der Wiederholungen der repetitiven Beziehungsmuster des Klienten bewirken, wenn man ihn einen heilsamen nennen will. Dazu gehört eben auch, dass es eine therapeutische Beziehung außerhalb der Übertragung gibt, „sonst hätte er (der Patient) nicht die Möglichkeit, neue Erfahrungen zu machen... Die Übertragung bestimmt sich also von der Nicht-Übertragung her – und umgekehrt“ (Thomä/ Kächele 1986, S. 67). Der therapeutische Fortschritt ist in diesem Sinne gekennzeichnet durch das Überwinden der repetitiven Beziehungsmuster und die Fähigkeit des Klienten, auf seine eigene neue Weise Beziehung kreativ zu gestalten.

Dabei begegnet der Musiktherapeut dem Klienten in einer musikalischen Resonanz, bei der dieser sich wahrgenommen und verstanden fühlt. Im Spiel entspricht der Musiktherapeut gleichzeitig „nicht oder nur partiell den Erwartungen, die sich bisher für den Patienten aufgrund unbewusster Steuerungen in bestimmten Bereichen, insbesondere im Bereich seiner Symptome oder partiellen Lebensschwierigkeiten, immer wieder erfüllt hatten“ (Thomä/ Kächele 1986, S. 75) und schafft dadurch Spielraum für Veränderung und Wachstum in der Beziehung. Dabei tritt er als Person in Erscheinung, an welcher der Klient das Wagnis einer Beziehungsgestaltung riskiert, die das ihm bisher Bekannte überschreitet und transformiert.
Dies kann nur gelingen, wenn der Therapeut sich nicht unbewusst in das repetitive Muster des Klienten verstricken lässt, sondern seine Reaktionen aufmerksam beobachtet und kritisch hinterfragt. Damit sind wir bei der Gegenübertragung.

Unter Gegenübertragung verstand man ursprünglich eher eine neurotische Reaktion des Analytikers auf die Übertragungsneurose des Klienten, heute jedoch gilt sie als A und O der analytischen Beziehung. Sie ist ein wichtiges therapeutisches Mittel, da der empathische Therapeut durch sie direkten Zugang zum Unbewussten des Klienten erhält. In ihm inszeniert sich etwas vom Klienten, und er muss gut differenzieren können zwischen dem, was zu ihm und dem, was zum Klienten gehört. Daher ist ein wichtiger Aspekt der Lehrtherapie die Erkenntnis der eigenen Persönlichkeitsstruktur. Die Person ist gerade bei der Gegenübertragung von wesentlicher Bedeutung, indem eigene auftauchende Gefühle von der Gegenübertragung unterschieden werden können, von den affektiven Reaktionen und Szenarien, die zum Innenleben des Klienten gehören, von abgewehrten Persönlichkeitsteilen (siehe nächster Abschnitt), unbewussten Wünschen und Erwartungen, unausgelebten, gefährlichen, abgespaltenen Gefühlen.

Wie stellen sich Realbeziehung, Übertragung und Gegenübertragung nun in der Musiktherapie dar?

De Backer/ van Kamp (2001, S. 12) fordern als Voraussetzung für die gelungene Übertragung eine musiktherapeutische Abstinenz, wobei der Musiktherapeut sich als Person zurückhält, damit die Klienten im gemeinsamen Spiel mit ihm zentrale Personen und Beziehungen ihres Lebens mit ihren Konflikten und Ambivalenzen wiedererleben und durcharbeiten können. Metzner (1999, S. 97 ff.) kommt zu dem Schluss, dass eine musiktherapeutische Abstinenz nicht die Vermeidung jeglicher Verwicklung meinen kann und dass die Chance der Musiktherapie der Wechsel zwischen Spielen und Sprechen sei, womit das Interaktionsgeschehen differenziert und reflektiert werden kann.

Die Grundhaltung des Musiktherapeuten beim Spielen und Mitspielen ist immer die des Dienens (griech. „therapeun“): es dient der Heilung des Patienten, bescheidener formuliert, seinem Wachstum, seinem Entwicklungsprozess, seinem In-Einklang-kommen mit sich selbst. Die Fähigkeit zu einer solchen Haltung resultiert aus einem persönlichen Läuterungsprozess. Lehrtherapie und Supervision sollen in Ausbildung bzw. Praxis helfen, um die eigenen Defizite (und den dazugehörigen „Hunger“ nach deren Kompensation) zu wissen, damit diese möglichst bewusst sind und nicht unbewusst „ins Spiel kommen“.

Storz (2003, S. 157 ff.) versteht unter Übertragung, dass sich der Klient auf bestimmte Aspekte der Persönlichkeit des Therapeuten bzw. seines musikalischen Verhaltens konzentriert, an denen er seine Erwartungs- und Interpretationseinstellungen festmachen kann und an denen er unbewusst sein musikalisches Verhalten orientiert. In der Gegenübertragung ruft er dadurch dann entsprechende Reaktionen hervor, indem der Therapeut die zugewiesenen Rollen übernimmt und musikalisch zum Ausdruck bringt. Gerade im

Zusammenhang mit den komplexen Vorgängen in der Musiktherapie ist Metzner (1993, S. 19) zuzustimmen, wenn sie den Begriff „Gegenreaktionen" vorzieht (aber im Hinblick auf die herrschende Terminologie darauf verzichtet).

Die Musik, die in der musiktherapeutischen Improvisation entsteht, ist immer auch ein ästhetisches Produkt, doch auch dieses steht im Dienste des Klienten. Der Therapeut spielt nicht zu seinem eigenen Vergnügen (auch wenn Spielfreude in manchen Prozessmomenten sicher adäquat sein kann), sondern seine Musik dient, aus tiefenpsychologischer Sicht, vor allem der Exploration der Problematik des Klienten und der Suche nach Lösungen bzw. korrigierenden Neuerfahrungen. Macht mich also z. B. das Spiel des Patienten wütend, so agiere ich diese Wut nicht ungehemmt aus, sondern prüfe, ob es sich um ein Gefühl des Klienten handelt. Je nach Prozessmoment kann ich ihm diese Wut beispielsweise musikalisch so spiegeln, dass er sie als ein von ihm selbst nicht zugelassenes Gefühl erkennt. Spielenderweise können wir nun daran arbeiten, die Wut als Energie, als lebendige seelische Kraft zu entdecken und zu gestalten. Im späteren Transfer in die Alltagswirklichkeit lernt er dann, dass Wut gar kein so bedrohliches Gefühl ist, wenn sie sich nicht zu sehr aufgestaut hat, sondern in einem frühen Stadium mitgeteilt werden kann. Musik stellt in diesem Fall ein Medium, eine Brücke dar, das Instrument ein Übergangsobjekt, der Therapeut eine Versuchsperson, die ganze Situation ein Experiment, in dem etwas erstmalig ausprobiert und dann wieder ausprobiert wird, was aufgrund einer traumatischen Erfahrung lange nicht riskiert wurde.

Die Lösung ist in jedem Fall die Überwindung der Übertragungs-Gegenübertragungs-Beziehung und das Erreichen einer wirklichen Begegnung. „So wie die Übertragung ein Gefängnis für das Selbst des Patienten ist – das Selbst fesselnd und zerstückelnd – so entsteht im Dialog zwischen beiden das wahre Selbst. Die Begegnung gebiert die Sphäre der Freiheit, sie gibt jenen Zwischenraum frei, in dem sich Neues entfalten kann" (Petersen 1987, S. 17 f.).

c) Abwehr und Widerstand

In vielerlei Hinsicht ist es ein Segen, dass der Mensch auch schützende Kräfte in sich birgt, die ihn vor einem psychischen Zuviel, einer Inflation, einem Überwältigtwerden oder anderen Schäden (dazu gehören auch schlechte Therapeuten) bewahren – auch wenn uns diese Kräfte im therapeutischen

Prozess oft als hinderlich erscheinen. In der tiefenpsychologischen Theorie spricht man von Abwehr und Widerstand.

Abwehr bezeichnet ein intrapsychisches Phänomen. Der Mensch wehrt aus dem Unbewussten empor drängende Impulse ab, wenn sie mit unangenehmen, angstmachenden, peinlichen, überwältigenden, unerträglichen Gefühlen verbunden sind. Man unterscheidet bei den Abwehrmechanismen zwischen reiferen (z. B. Verdrängung, Reaktionsbildung, Intellektualisierung, Ungeschehenmachen) und unreifen (Spaltung, primitive Idealisierung, Entwertung, projektive Identifikation) Formen (Wöller/ Kruse 2001, S. 133).

Der Klient ist nicht im Einklang mit seinem authentischen emotionalen Zustand, was in der Musik oft erstaunlich deutlich wird: im musikalischen Ausdruck ertönt eine erstarrte, gebremste Energie, die Musik fließt nicht aus dem Menschen heraus, sondern sein zwanghaftes Sichwehrenmüssen, ein quälerisches Gegensichselbstsein nimmt klangliche Gestalt an und steht oft im Gegensatz zu Körpersprache und Mimik. Gleichzeitig fällt es im musikalischen Ausdruck oft schwerer, eine solche Haltung durchzuhalten, zumal wenn der Therapeut sich in seiner musikalischen Begleitung zum Anwalt der nicht zugelassenen Impulse macht und damit einen Freiraum anbietet. Anbieten heißt aber einladen, nicht zwingen oder verführen, denn er muss auch die schützende Funktion der Abwehr achten, die zur Würde des Klienten gehört, ihm seine eigene Zeit und seinen eigenen Weg lassen.

Allgemein lässt sich feststellen, dass in der freien musikalischen Gestaltung „schwieriger" Gefühle und der entsprechenden empathischen Resonanz des Therapeuten diese besser auszuhalten sind. Die Spielebene ist oft ihrem zeitlichen Ursprung adäquat und in der Musik gibt es Spielraum und Zwischentöne. Storz (2003, S. 165) weist aber auch zu Recht darauf hin, dass der Musiktherapeut diesen Prozess in einer Haltung der fragenden Aufmerksamkeit für den unbewussten Sinn des vom Klienten Ausgedrückten begleiten soll, damit dieser die Musik nicht in den Dienst seiner Abwehr stellt und sie dadurch aufrecht erhält.

Widerstand bezeichnet ein interpersonelles Phänomen und ist daher eng mit der Übertragung-Gegenübertragungs-Situation verbunden. Die Vermeidung, sich selbst in seiner ganzen lebendigen Potenz zu erfahren, manifestiert sich in der oppositionellen Haltung gegenüber dem Therapeuten als Personifikation der bedrohlichen Wandlung. Das Aufgeben der alten Strukturen, die zwar Leid erzeugen, aber als etwas Bekanntes Sicherheit und Ordnung verkörpern und scheinbar über längere Zeit eine erträgliche „Lösung" darstellten, macht Angst, weil der Klient nicht weiß, was ihn jenseits dieses vertrauten Terrains erwartet und ob und wie er diese Veränderung übersteht. Insofern wirken auch hier nicht nur negative Kräfte, sondern es schwingt ein berechtigtes Schutzbedürfnis mit, das abgewogen sein will gegenüber dem Risiko der Bewusstwerdung des belastenden Konfliktes, dem damit häufig verbundenen Wiedererleben eines tiefen Schmerz, den es auszuhalten gilt. Das gelingt nur auf der Basis eines Vertrauens in die haltgebende Begleitung durch den Therapeuten. Die Beziehung zwischen Klient und Therapeut ist der Boden, auf dem dies allein gelingen kann. Der Therapeut seinerseits kann ein Stück weit auf die Gegenkraft zum Widerstand vertrauen, das tiefinnerste Bedürfnis des Klienten, dem in ihm angelegten Wachstumsprozess in Richtung Selbst zu folgen und dabei ganz und heil zu werden.

In der Musiktherapie kommt Widerstand, dem Medium entsprechend, auf spezifische Weise zum Ausdruck, beispielsweise indem sich der Klient dem musikalischen Dialog verweigert. Im Extremfall spielt er auf dem Metallophon „Alle meine Entchen" oder andere musikalische Stereotypien, die eine musikalische Begegnung verhindern. Dies eine Weile auszuhalten und musikalisch zu tragen kann bewirken, dass der Klient sich sicher genug fühlt, um allmählich seinen Spiel-Raum zu erweitern und schließlich auch starke und bisher nicht aushaltbare Gefühle musikalisch auszudrücken, die wiederum einer tragenden und strukturgebenden Resonanz in der Musik des Therapeuten bedürfen. Aufgrund seiner Empathie kann der Musiktherapeut manchmal auch spüren, dass er durch spielerische Provokationen, die deutliche Beziehungsangebote sind, den Klienten erreichen kann und dass dadurch ein authentisches Spiel in Beziehung möglich wird. Dies hängt von der Art und Weise der primären Beziehungserfahrungen des jeweiligen Klienten und dem jeweiligen Prozessmoment ab.

d) Arbeitsbündnis und Therapeutenhaltung

Neben Realbeziehung und Übertragung/Gegenübertragung gilt als dritter Aspekt der therapeutischen Beziehung die Arbeitsbeziehung oder das Arbeitsbündnis als die „Fähigkeit von Therapeut und Patient, in der Behandlung so zusammenzuarbeiten, dass die Ziele der Therapie erreicht werden" (Wöller/ Kruse 2001, S. 61). Es ist klar, dass der Therapeut als professioneller Helfer hier besonders gefragt ist, denn sein Verhalten, mehr noch: seine Haltung ist – zwar nicht allein – aber doch überwiegend für die heilsame Entwicklung dieser Beziehung verantwortlich.

Zu Beginn sollte der Therapeut mit dem Klienten über seine Methoden bzw. seine spezifischen Vorgehensweisen sprechen, klare Vereinbarungen über die äußere Form (Honorar, Stundenfrequenz, Absageregelung, Schweigepflicht etc.) treffen und realistische grobe Zielvorstellungen entwickeln. Diese orientieren sich an der Problematik, wie sie sich im anamnestischen Gespräch darstellt. Die Feinheiten ergeben sich dann im Laufe des Prozesses, wobei immer wieder Zwischenbilanz gezogen werden sollte.

Die ersten Sitzungen offenbaren im allgemeinen, ob Klient und Therapeut „miteinander können", ob sie motiviert sind oder werden können, sich auf einen längeren gemeinsamen Prozess einzulassen, der für beide auch durchaus mit Belastungen verbunden sein kann. Auf der Seite des Therapeuten hängt dies davon ab, ob er genügend positive Gefühle und Respekt entwikkeln kann für eine tragfähige Beziehung, die auch die Konfrontation mit den Schattenseiten sowie den damit verbundenen Konflikten aushält. Dafür hilft das Wissen um die Hintergründe von Gegenübertragungsgefühlen und anderen negativen Resonanzen. Indem er alte Reinszenierungen als solche erkennt, kann er abstinent bleiben und sich nicht in persönliche Schuld- und Wutgefühle verstricken. So kann er seine wohlwollende und hilfsbereite Haltung bewahren und eine positive Beziehungserfahrung vermitteln.

Der Musiktherapeut bietet dem Klienten einen Raum an, in dem dieser sich musikalisch erleben und ausdrücken kann – in Beziehung. Das Spielen für und mit dem Klienten bietet ihm die Möglichkeit, sich als er selbst zu erfahren. Dabei können auch wilde und chaotische Gefühle auftauchen und zum Ausdruck gebracht werden – mit der entsprechenden Resonanz des antwortenden Therapeuten. Die Haltung des Musiktherapeuten ist zunächst aufmerksam abwartend und dann spontan empathisch reagierend. Die oft erst zögernd eingebrachten musikalischen Äußerungen des Klienten werden vom Therapeuten wertungsfrei aufgenommen und in das gemeinsame Spiel integriert (Schmölz 1988, S. 9), die weitere Entwicklung wird einfühlsam begleitet.

Aufmerksamkeit, wache antwortbereite Anwesenheit und die Bereitschaft, sich als ein Anderer, ein Beziehungspartner für den Klienten in den Dienst zu stellen kennzeichnen die Therapeutenhaltung. Die Rolle des Musiktherapeuten ist dabei nach außen hin eine aktivere als in verbalen, analytisch orientierten methodischen Settings. Durch sein Spiel und Mitspiel tritt er wahrnehmbar als Person in Erscheinung. Die Qualitäten, die in der Säuglingsforschung den empathischen frühen Bezugspersonen zugeordnet werden, die im frühen Dialog emotionale Resonanz zu geben vermögen, sie können vom geschulten Musiktherapeuten hier eingebracht werden. Aber, wie wir noch sehen werden, sind auch reifere, an der Autonomie interessierte Möglichkeiten im musiktherapeutischen Repertoire vorhanden. Bevor wir uns diesen praktischen Aspekten zuwenden, soll im folgenden Abschnitt die musiktherapeutische Situation nochmals mit dem tiefenpsychologischen Blick betrachtet werden.

4. Der tiefenpsychologische Blick auf das musiktherapeutische Geschehen

a) Repetitive Muster und unbewusste Inszenierungen

Was im letzten Kapitel unter dem Gesichtspunkt der Klient-Therapeut-Beziehung beschrieben wurde, soll in diesem Abschnitt noch einmal kurz im Hinblick auf die musiktherapeutische Szenerie betrachtet werden.

Sowohl in der Einzel- als auch in der Gruppentherapie bietet sich dem Klienten ein Raum, ein Instrumentarium und ein Repertoire an spezifisch musiktherapeutischen Möglichkeiten und Vorgehensweisen an. Der Therapeut nimmt den Klienten wahr in seinen körperlich-seelischen Reaktionen auf diese Angebote. Wie bewegt er sich in diesem Raum? Wo findet er wie einen Platz? Welche Instrumente faszinieren ihn, welche wählt er wie aus, wie spielt er damit? Welche Angebote wünscht er sich und inwieweit kann er sich und anderen diese Wünsche zugestehen, also z. B.: für sich spielen lassen, mit jemandem zusammen spielen, auch mal nicht spielen und nur den anderen zuhören...? Was inszeniert sich dann in den konkreten Vorgehensweisen?
Die vielfältigen Bedeutungsmöglichkeiten dieses Repertoires werden im praktischen Teil deutlich werden. Hier sei erst einmal darauf hingewiesen, dass sich durch die musiktherapeutische Situation die repetitiven Muster des Klienten nicht nur direkt an der Person des Therapeuten und der Beziehung zu ihm festmachen lassen, sondern darüber hinaus Medien ins Spiel kommen, die mit ihrer Faszination per se seine Aufmerksamkeit fesseln können, manchmal soweit, dass er scheinbar sich und den oder die anderen vergisst und ganz im Spiel versinkt. Dies erinnert an das, was im Abschnitt über das Spiel gesagt wurde und was man vor allem bei Kindern beobachten kann.

Dabei bieten diese Angebote nicht nur die Chance, repetitive Muster erkennbar zu machen, sondern gleichzeitig Anschluss zu finden an Ressourcen, an bislang unentdeckte und ungenutzte heilsame Kräfte im Inneren. Für beides sollte der aufmerksame Blick des Therapeuten offen sein: einerseits für die unbewussten Wiederholungs-Inszenierungen, deren Bewusstmachung und Durcharbeitung, andererseits aber auch für die Mobilisierung gesunder Anteile, deren störungsfreie Entfaltung gesichert und begleitet werden.

Hier beginnt bereits eine unbewusste Suche nach Lösungen, die unterstützt und durch weitere bewusste und gezielte Interventionen gefördert werden kann.

b) Tiefenpsychologisches Üben oder die Suche nach Lösungen

Dabei bietet die musiktherapeutische Situation mit ihren praktischen Möglichkeiten eine Fülle von Lern- und Übungsmöglichkeiten. Hier sei erinnert an die Begriffe „Üben ohne Übung“ und „kreatives, emotionales und sozialkommunikatives Übungsfeld“, die Schmölz (o. J., S. 129) unter Bezugnahme auf Heinrich Jacobi für die Musiktherapie entwickelte. Ein solches „tiefenpsychologisches Üben“ knüpft meist an die bewusste Erfahrung leidvoller Wiederholungsmuster an und kann spontanes oder auch gezieltes Probehandeln oder experimentelles Handeln beinhalten. Ein ängstliches Vermeiden von Konflikten kann durch ein gemeinsames (Beziehung!) „auf die Pauke hauen“ zum lustvollen Ausdruck von einem ursprünglichen Ärger oder Verzweiflung werden. Die panische Angst, im Mittelpunkt zu stehen, wandelt sich durch eine gelungene Erfahrung, als Dirigent eine Gruppe musikalisch zu leiten, in eine Lust am Wahrgenommenwerden. Bei struktureller Ich-Schwäche können auch die stabilisierenden, stärkenden musikalischen Kräfte genutzt werden: von einem umhüllenden Klang gehalten, in einen sicheren Rhythmus eingebunden sein. Die Beispiele zeigen, dass eine Abgrenzung zu behavioralen Methoden de facto nicht zutrifft; es heißt dort nur anders, z. B. Erweiterung des Verhaltensrepertoires usw.

Das Lustvolle am spielerischen Umlernen ist eine große Chance der Musiktherapie. Wenn dem Klienten in einer grundsätzlich angenehmen Atmosphäre Spielangebote so vermittelt werden, dass sie – bei aller Ernsthaftigkeit und Schwere des Sichüberwindens – auch noch Spaß machen können, dann ist viel gewonnen gegenüber den abwehrenden und widerständigen Energien. Die Kräfte des gesunden Kerns, das Streben nach Vollständigkeit, Lebendigkeit und Glück verbünden sich gern mit der ursprünglichen Freude am Spiel.

Durch-arbeiten wird zum Durch-spielen. Freude lockert das Verhärtete, bringt die Dinge ins Fließen und heilt alte Wunden.

Im Unterschied zu einem funktionalen Üben geht es bei einem tiefenpsychologisch orientierten Üben um korrigierende Neuerfahrungen in tieferen Seelenschichten. Diese beziehen sich immer wieder auf die unbewussten Reinszenierungen leidbringender Muster, finden also im Wechselspiel von Einsicht in das Gewordene und dessen Wandlung statt. Dieser Prozess läuft – je nach Klientel – mehr oder weniger bewusst bzw. verbalisiert ab. So wird tiefenpsychologische Psychotherapie auch für Menschen möglich, die aufgrund von Alter oder der Art ihrer Erkrankung bislang als nicht, noch nicht oder nicht mehr geeignet erschienen.

c) Selbstverwirklichung in Beziehung

Der Begriff „Selbstverwirklichung“, der im Zusammenhang mit Psychotherapie auftaucht und auftauchen muss, führt vielfach zu Missverständnissen. Dies ist nicht verwunderlich. Da sich der Mensch seit jeher verschiedenste Bilder von dem macht, was ihm das verborgene Höchste ist, wird auch der Begriff „Selbst“ bei Philosophen, Psychologen, Theologen, Therapeuten und anderen Menschen unterschiedlich definiert – wenn er nicht überhaupt undefiniert benutzt wird, als wäre es selbstverständlich, was darunter zu verstehen sei. Dies hatten wir bereits im philosophischen Abschnitt bedacht (Kap. III 1 a).

Bei den Tiefenpsychologen ist es C. G. Jung, bei dem das „Selbst“ von zentraler und umfassender Bedeutung ist. Er trennt sich von Freud, weil er im Unbewussten eine sehr viel tiefere Dimensionen erkennt. Es umfasst bei ihm neben dem persönlichen Teil, der sich auf das individuelle Schicksal allein bezieht, auch ein kollektives Unbewusstes. Durch vergleichende Forschungen im Bereich von Mythen und Religionen, Märchen und Literatur sowie den darin zum Ausdruck kommenden Bildern, Symbolen und Personifikationen findet er grundlegende, allen Menschen gemeinsame, erfahrbare und beschreibbare Muster, die er Archetypen nennt. Als höchsten, umfassendsten dieser Archetypen beschreibt er „das Selbst“. Selbstverwirklichung geht also für Jung weit über das Ichbewusstsein hinaus und bedeutet so etwas wie Stimmigsein oder Im-Einklang-sein mit dem Ganzen. Dies ist ein sehr moderner Gedanke. Er sieht den Menschen in Beziehung zu seiner Mitwelt, zu Menschen, Tieren, Pflanzen, dem ganzen Planeten bzw. Kosmos. Daran knüpfe ich an, wenn ich davon ausgehe, dass „Selbst“ und „Ich“ nicht identisch sind, das „Selbst“ etwas Umfassenderes meint als „Ich“.

In einer tiefenpsychologisch orientierten Musiktherapie werden mit den dort vorhandenen Mitteln der Selbstentfremdung Möglichkeiten der Selbsterfahrung entgegengesetzt, ein Prozess des Wieder-Spüren-lernens, worum es dem Klienten eigentlich geht, zu initiieren und zu begleiten. Dies beinhaltet die Erfahrung, dass ich als Klient der eigene Experte für mich selbst bin bzw. werde, dass äußere Autoritäten mir letztlich nicht viel nützen, dass ich die wesentlichen Erfahrungen und die daraus folgenden Schritte selbst machen muss. In der Konsequenz führt dies zu dem Menschenrecht des vollen Potentials an individuellen Möglichkeiten (s. o.), zur Selbstverwirklichung als Fließgleichgewicht zwischen Ich und Selbst, zwischen Mensch und Kosmos.

Selbstverwirklichung in diesem Sinne kann nie auf Kosten anderer gehen – und hier wird der Unterschied zur „Ich-Verwirklichung“ besonders deutlich. Insgesamt kann der Mensch nur Zufriedenheit erlangen, wenn er befriedigende Beziehungen zu anderen Menschen hat, wenn er im Reinen ist mit seinen Eltern, seiner Familie, den Menschen seines Hintergrundes und wenn er imstande ist, dauerhafte, sinnvolle und auch einige enge bis intime Beziehungen zu anderen Menschen aufzunehmen und zu unterhalten, wenn er, je nach Situation, sowohl Nähe als auch Distanz herstellen, sich auseinandersetzen und versöhnen kann. In diesem Zusammenhang ist die gesamte Skala der Gefühle aufgerufen. Gerade ein lebendiges ausdrucks- und interaktionsorientiertes Medium wie Musik ist hier im therapeutischen Kontext hilfreich.

Somit ist Selbstverwirklichung nicht die optimale Befriedigung egoistischer Triebe. Das Ich steht nicht isoliert im Zentrum, sondern ist Teil eines größeren Gefüges oder eines Systems. Das bezogene „Ich“ kann nicht zufrieden sein auf Kosten dessen, zu dem es in Beziehung steht. Nicht in Beziehung sein bedeutet Entfremdung, das nicht-bezogene, isolierte „Ich“ ist ein „falsches Selbst“. Ein Korrektiv für solche Entfremdung ist Selbsterfahrung, Selbstbesinnung – in welcher Form auch immer, jedenfalls auch in Form von Psychotherapie. Wenn der Kontakt zum eigenen Körper und seinen echten Bedürfnissen, intensive Sinneswahrnehmung auf allen Ebenen, das Zulassen und Ausdrücken der Gefühle, Kontakt und Nähe zum Mitmenschen und der Mitwelt verwirklicht werden, lockt nicht mehr billiger Ersatz. Entfremdung und Narzissmus sind aufgehoben, Heilung als Ganzwerdung vollzieht sich als ein Prozess des In-Einklang-kommens. C. G. Jungs Begriff des

„Selbst“ als höchstem Archetypen bedeutet dann letztlich die Potenz zum Einklang mit dem großen Ganzen, zu dem Tod und Krankheit als gegebene Qualitäten dazugehören, aber auch ein menschliches Leben unter den irdischen Bedingungen und in seiner ganzen jeweiligen Fülle.

In der Musiktherapie kann der Mensch beides erleben: seine Entfremdung, seine Unfähigkeit zu befriedigender Beziehung, sein „falsches Selbst“ und das spielerische Wieder-in-Kontakt-kommen mit der Mitwelt. Er lernt zunächst sich als „Ich“, als ein vom „Anderen“ abgegrenztes, eigenes Wesen kennen und dann die Befriedigung, mitzuschwingen in einem größeren Ganzen. Die sinnliche Qualität der Musiktherapie, die Körper, Seele und Geist einbezieht, macht die Ganzheitserfahrung zu einem Erlebnis. Sein wird spürbar als In-Beziehung-sein.

IV. Musiktherapeutische Vorgehensweisen

1. Rezeptive Vorgehensweisen

„Und wenn ein Mensch aus seinem Gewirr von intelligenten Absichten, die ihn mit unzähligen fremden Gegenständen verstricken, für Augenblicke in einen ganz zweckfreien Zustand hinausgehoben wird, wenn er also zum Beispiel Musik hört, ist er beinahe im Lebenszustand einer Blume, auf die Regen und Sonnenschein fällt."

Robert Musil

In der rezeptiven Musiktherapie werden den Klienten traditionell Musikstücke von Schallplatte bzw. anderen Tonträgern oder live vorgespielt. Anschließend wird über das Erlebte gesprochen, oder der Klient verbalisiert sein Erleben direkt während des Hörens. In den letzten 20 Jahren spielt zunehmend das Spielen für den Klienten bzw. die Gruppe, das „Für-Spiel" im Unterschied zum „Vor-Spiel", eine Rolle. Dies ist eine gute Möglichkeit, etwas für den Klienten zu tun, für ihn zu spielen – im Sinne einer Zuwendung oder auch Wunscherfüllung. Er erfährt hierbei, dass er von einer Bezugsperson etwas bekommt ohne Bedingungen und Gegenleistung. Dadurch wird an eine entwicklungspsychologisch sehr frühe Kindheitssituation angeknüpft.

Nachdem die rezeptive Musiktherapie in den 40er und 50er Jahren die zentrale Arbeitsform war, trat sie in den 60er und 70er Jahren zunehmend in den Hintergrund, weil die Möglichkeiten aktiver Vorgehensweisen durch die humanistischen Psychotherapien entdeckt wurden. Seit den 80er Jahren kann man jedoch beobachten, dass sich rezeptive Vorgehensweisen mehr und mehr wieder ausbreiten (Frohne-Hagemann 2004), und dies fließt auch in die Unterrichtspraxis der Ausbildungen ein (Timmermann 2004b).

Im folgenden werden einige Aspekte dieser Arbeit näher betrachtet.

a) Die Wirkkomponenten

Die Wirkung von Klängen und Rhythmen im therapeutischen Setting kann sehr stark sein, was bedeutet, dass man sie sehr vorsichtig dosieren sollte (vor allem, wenn keine stabile Beziehung zu den Rezipienten besteht). Um diese hohe Wirksamkeit musikalischer Elemente therapeutisch nutzen zu können, empfiehlt es sich, zunächst einmal ein Setting zu schaffen, in dem sich die Hörenden öffnen können für das Erleben der musikalischen Ereignisse und für das, was es innerlich in ihnen auslöst. Dazu gehört der Aufbau vertrauensvoller Beziehungen zu Therapeut/Gruppenleiter und/oder der Gruppe, eine ausreichende Vor- und Nachbereitung: verbal durch Gespräche über das Erlebte, nonverbal durch freie Improvisationen, evt. auch bildnerische Gestaltung und andere kreative Medien.

Im allgemeinen sind offene, musikalisch wenig vorstrukturierte Angebote wie monotonale Klänge, einfache Rhythmen und gesummte Melodien am wirkungsvollsten, wenn sie im therapeutischen Prozess situationsadäquat angeboten werden. In klinischen Bereichen mit schwerkranken Patienten (z. B. in der Neurologie, Onkologie, Sterbebegleitung) sind sie manchmal Mittel der Wahl. In manchen Fällen oder Situationen bieten sich auch Lieder oder Stücke aus der Literatur an.

Eine mechanistische Anwendung von Musik ist durch die Ergebnisse der musikpsychologischen Forschung nicht zu begründen und therapeutisch nicht sinnvoll. Der Wirkfaktor „Musik" ist kaum zu trennen von der individuellen Geschichte und momentanen Befindlichkeit des Rezipienten und dem Setting, in dem er die Musik hört. Die musikalischen Elemente sind in ihrer Wirksamkeit nicht beliebig: ein schnell gespielter Sechsachteltakt hat prinzipiell sicher eine anregende, ein langsamer Dreivierteltakt (z. B. beim Wiegenlied) eine beruhigende Wirkung. Diese Wirkungen dürfen aber nicht für sich und nicht absolut betrachtet werden, denn ein Wiegenlied im falschen Moment kann einen auch aufregen! Daher kann man sie nur jeweils als Teil eines komplexen Zusammenwirkens verschiedener Komponenten betrachten (vgl. hierzu auch Kapitel II 6).

In der rezeptiven Musiktherapie – aber auch im alltäglichen Umgang mit Musik – werden regelmäßig vier Gegensatzpaare von Wirkprinzipien des Musikhörens erkennbar, die ich folgendermaßen benenne:

„allopathisch" – „homöopathisch"
trophotrop – ergotrop
strukturierend – auflösend
biographisch – phantasiert

Die erste Wirkkomponente kann man mit den pharmakologischen Prinzipien von Allopathie und Homöopathie vergleichen: Ist die momentane Stimmung eine traurige, wird entweder (allerdings weitaus seltener) eine heitere

Musik quasi als Gegenmittel zur Umstimmung eingesetzt, oder das Anhören einer traurigen Musik soll bewirken, dass die augenblickliche Stimmung verstärkt wird, mit der (bewussten oder unbewussten) Absicht, durch zustimmendes Durchleben eine Katharsis zu bewirken und einen anderen Zustand zu erreichen.

Auch beim zweiten Gegensatzpaar kann man die pharmakologische Wirkprinzipien zum Vergleich heranziehen: Anregung und Beruhigung entsprechen unsere Nervensystem, der Polarität von Sympathikus und Parasympathikus. Dem ergotropen Prinzip auf der einen Seite entsprechen Aktivität, Kreativität, aber auch Hyperaktivität und Halluzination. Dem trophotropen Prinzip auf der anderen Seite sind Entspannung, Ruhe, Erholung aber auch Erschlaffung und Betäubung zuzuordnen.

Als weitere Wirkungspolarität taucht immer wieder auf, dass Musik einerseits einen ordnenden, strukturierenden, zusammenhaltenden oder zusammenführenden Einfluss hat oder andererseits eher auflösend, zerfließend oder gar destabilisierend wirkt.

Therapierelevant ist ferner die biographische Ebene, die durch die Zuordnung von Musik in bestimmte Lebensphasen und bewegende Ereignisse aktiviert wird. Dieser steht hier das Erleben phantasierter innerer Gestaltungen, Tagträumen usw. gegenüber, das durch die Musik ausgelöst wird. Die biographischen Assoziationen haben nichts mit dem Charakter einer Musik zu tun, sondern damit, in welchen Lebensmomenten sie für den Hörenden eine Bedeutung hat. Dagegen können die musikalischen Inhalte durchaus im Zusammenhang mit den durch sie ausgelösten inneren Bilder stehen.

Als Besonderheit bei musikalisch vorgebildeten Klienten (Adornos „Bildungshörer") tritt neben das emotionale Musikerleben ein analytisch-intellektuelles, das beispielsweise Kompositionsstrukturen und historische Zuordnungen erkennt. Dies kann man nicht unbedingt als Abwehr oder Widerstand deuten, da diese Klienten ästhetische Gewohnheiten haben, die nicht durch das therapeutische Setting automatisch verschwinden. Hier ist jedenfalls ein Live-Spiel mit elementaren musikalischen Elementen sicher angemessener, als klassische Musik einzusetzen.

Damit in unserer von fast permanenter gewollter oder ungewollter Musikberieselung akustisch überschwemmten modernen Welt Musik als Wirkfaktor eingesetzt werden kann, bedarf es zunächst der Herstellung von Stille und einem geeigneten Setting, weshalb dem auch ein eigener Abschnitt gewidmet sei, der im wesentlichen an das in Kapitel II 8 Gesagte anknüpft.

b) Einstimmung

Die Gestaltung eines für rezeptive musiktherapeutische Vorgehensweisen geeigneten Settings umfasst grundsätzlich zwei Aspekte:

1. Angebote zur Körperposition, Wahrnehmungsübungen und sonstige Vorbereitungen
2. das Musikerleben selbst.

Für die Gestaltung eines adäquaten Gesamtsettings zur Rezeption von Musik ist für den sich anvertrauenden Menschen wesentlich, dass der Therapeut bei seiner Wortwahl und in seinem Stimmklang authentisch ist und Vertrauen in die Situation erweckt. Die verbalen Angebote, die zum Musikerleben führen, sollen eine therapeutische Situation ermöglichen, in der ein Klient sich Zeit lassen und sich dem eigenen Erleben hingeben kann. Die verbalen Angebote, auch wenn es sich um wiederkehrende Formulierungen handelt, sollten immer wieder in einer Weise einladend klingen, dass der Mensch sich wirklich gemeint fühlt und innerlich zustimmen kann. Sie führen nicht in ein vorstrukturiertes, sondern in ein möglichst offenes Erlebnisfeld, wo wesentliches Eigenes gespürt werden kann. Die nun folgenden Einstimmungs-Settings sollen eine Nähe zu Körper, Atem, Ein- und Ausdruck als Nähe zu sich selbst ermöglichen.

Drei Körperpositionen lassen sich dabei grundsätzlich unterscheiden:

1. Liegen am Boden

Auf einer Decke oder Matte zu ruhen wird meist als die intensivste Körperposition zum Musikhören erlebt. Man ist hier sehr regressionsfähig. Das kann als angenehm erfahren werden, aber auch als „ungeschützt“, „preisgegeben“, „ausgeliefert“ usw. Daher empfiehlt es sich, dem Rezipienten eingangs Möglichkeiten des Umgangs mit negativem bis bedrohlichem Erleben zu beschreiben, z. B.: sich aufsetzen, Augen öffnen, Blickkontakt zum Therapeuten aufnehmen, in der Einzeltherapie „Stop“ sagen. Für das Liegen am Boden bieten sich, wie für die beiden anderen Settings, spezielle Angebote der Körper- und Atemwahrnehmung an, die sich aus der Körperposition ergeben, hier also beispielsweise das Spüren des Rückens am Boden, das Sich-dem-Boden-anvertrauen usw.

2. Sitzen auf einem Hocker oder Stuhl

Diese Position ist für manche Patienten adäquater, weil es weniger regressiv und damit auch weniger bedrohlich ist. Der Stuhl, je nach Beschaffenheit, lädt tendenziell zum bequemen („gemütlichen") Sitzen mit Anlehnen ein, wobei aber leicht durch ein „Versacken" die freie Atmung behindert und ein eher dumpfer Gemütszustand herbeigeführt wird. Daher sollte man bei der Gestaltung des Settings beachten, welche verbalen Anweisungen man diesbezüglich zur Sitzposition gibt, ohne den Rezipienten in eine vorgegebene „brave Erstarrung" zu führen. Körperbewusstsein liefert oft Problembewusstsein, denn Körperhaltungen offenbaren etwas von der seelischen Haltung. Gleichzeitig sollte ein Bewusstsein für Lösungsmöglichkeiten vermittelt und der Übungscharakter jedes (auch tiefenpsychologischen!) Prozesses betont werden. Ein Hocker ist dabei oft deutlicher. Da das Sich-gemütlich-anlehnen entfällt, wird der Mensch mit seiner „Aufrichtigkeit", mit dem was ihn beugt und schmerzt, sehr konkret konfrontiert.

3. Stehen – Bewegung – Tanz

Das Stehen ist damit durchaus vergleichbar, es ist sogar noch ein Stück deutlicher, da hier lediglich die Fußunterflächen mit der Erde verbinden. Wie stehe ich so da? Was macht die Musik dabei mit mir? Bewegt sie etwas in mir? Bringt sie mich in äußere Bewegung und in welche: in eine Slow motion oder einen wilden Tanz? Es scheint, als sei hier die Grenze zu aktiven Vorgehensweisen der Musik- und Tanztherapie fließend. Meines Erachtens nach beginnen diese aber erst dort, wo die Bewegung aus einer Improvisation heraus spontan entsteht. Solange der Therapeut die Musik, in welcher Weise auch immer, hervorbringt und Bewegung von ihm als ein mögliches Angebot formuliert wird, definiere ich die Vorgehensweise als dem Bereich rezeptiver Musiktherapie zugehörig.

Eine weitere und weiterführende Möglichkeit, sowohl im Rahmen der Einstimmung als auch beim Erleben von Musik ist die *Partnerarbeit*. Wenn die Gruppenteilnehmer bereits mehr miteinander vertraut sind, können Körperbewusstsein und Atem durch achtsame Berührung intensiviert und lösende Prozesse initiiert werden, was eine große Aufnahmefähigkeit für die Musikrezeption bewirken kann. Im gemeinsamen Sichbewegen zu einer Musik, z. B. Rücken an Rücken, führt die Musik in subtiler Weise in den Bereich Beziehung und Partnerschaft, mit allen Konsonanz- und Dissonanzaspekten.

So eingestimmt, kann die Musik nun ganzheitlich, Körper, Atem und Umgebung einbeziehend, gehört werden. Dabei können Musik und Elemente der Musik in verschiedener Weise gewählt und dargeboten werden.

c) Erleben elementarer Klänge und Rhythmen

Bei diesen klanglich-rhythmischen Rezeptionen handelt es sich nicht um Musik im Verständnis der abendländischen Tradition. Geht man von einer kompositorischen Gestalt aus, kommen diese der sog. „Minimal Music“ vielleicht am ähnlichsten, aber es erinnert auch an ethnische Musik, wo das repetitive Element, das mehr oder weniger schwach variierte Wiederholen rhythmisch-melodischer Formen weltweit kultiviert wurde. Im schamanistischen Heilen findet solche Musik, als archaisches musiktherapeutisches Element, häufig Verwendung. Dies wird von einigen Musiktherapeuten wieder aufgegriffen und für das moderne klinische Setting aufbereitet (vgl. Hess 2002).

Hier zunächst ein Überblick:

Archetypische Grundstrukturen der Musik

1. Einzelton mit Obertonreihe	Klangfarbe
2. Rhythmus	periodische Schwingung als Basis-Rhythmus,
3. Intervalle	Konsonanz – Dissonanz
4. Skalen	Melodien, melodische Motive simultan: Akkorde, Tongeschlechter
5. Musikalische Figuren	Glissando, Triller, kreisförmige Wiederholungen...

Diese kommen in der rezeptiven Musiktherapie teilweise konkret und bewusst zur Anwendung: beim „Für-Spiel“ die Elemente „Einzelton/Klangfarbe“ (in Form von monotonalen Klängen) und „Rhythmus“. Im Abschnitt über das Instrumentarium wurde bereits auf die dafür verwendeten Instrumente hingewiesen.

In manchen Schulen der Musiktherapie spielen auch Intervalle (z. B. in der Anthroposophischen Musiktherapie) und Skalen (z. B. in der Altorientalischen Musiktherapie) eine Rolle (näheres hierzu siehe bei Decker-Voigt 2003).

1. Einzelton / Klangfarbe

Der charakteristische Monochordklang wird erzeugt, indem man alle Saiten auf eine Tonhöhe stimmt und dann abwechselnd mit den Mittelfingern der rechten und linken Hand darüber streicht und auf diese Weise ein kontinuierliches Fließen hervorbringt. Wenn das Monochord so gespielt wird, ruft sein Klang nach meiner Erfahrung häufig das Gefühl des Einsseins und Geborgenseins in einem größeren Ganzen wach – oder aber er macht den Mangel solcher Grunderfahrungen schmerzlich bewusst. Dabei tauchen Phantasien und Erlebnisse auf wie: (positiv) im warmen Wasser schwimmen, ein lustvolles Sichauflösen, schwerelos im Weltall schweben, einfach sein und nicht mehr denken müssen... (negativ) bedrohliches den Boden verlieren, Angst vorm Sichauflösen, Ungeborgenheit. Diese Erfahrungen werden im therapeutischen Kontext besprochen und bearbeitet.

Wenn man so etwas wie einen Archetyp des Monochordklanges annehmen will, kann man als Thema das „Einssein mit allem“ formulieren. Phylogenetisch entspricht dies der archaischen Bewusstseinsstruktur im Gebserschen Sinne (näheres in Gebser 1975, Timmermann 1987), ontogenetisch der intrauterinen Entwicklungsphase. Diagnostisch kann man hier also manchmal Informationen über frühstes und elementarstes Welterleben an den Wurzeln der Persönlichkeit erhalten und therapeutisch bearbeiten, beispielsweise wenn schwere physische und psychische Belastungen der Mutter während der Schwangerschaft und in den wichtigen ersten Lebensmonaten das Vertrauen des Kindes in die tragenden Kräfte des Lebens schwer erschüttert haben.

Das Erleben des Monochord-Klanges wird ergänzt durch weitere Hörerfahrungen mit monotonalen Klängen und Rhythmen, die verbal aufgearbeitet werden. Die Instrumente, die in der rezeptiven Musiktherapie heute wieder zunehmend verwendet werden, sind charakterisiert durch ihre besondere Klangfarbe, die sich aus der jeweiligen Konstellation bzw. Gewichtung der Obertöne ergibt. Sie sind häufig sehr archaisch und einige werden seit Urzeiten im kultischen und heilerischen Kontext verwendet. Hierzu gehören neben *Schwirrholz und Maultrommel* vor allem einfache Rhythmusinstrumente. Die

Rassel ist sowohl onto- wie phylogenetisch ein Urinstrument und wird zur rhythmischen Stimulation verwendet. Auch der *Musikbogen*, der bereits in Jahrtausende alten Höhlenmalereien auftaucht, dient weltweit zur Trance-Induktion. Das bekannteste Instrument des Schamanen ist die *Trommel*, die er häufig als Pferd, Boot, Wagen oder Schlitten bezeichnet. Ein urtümliches Blasinstrument der australischen Aborigines, das *Didjeridu*, wird mit Zirkularatmung gespielt und entfaltet dabei einen permanenten röhrenden Brummton mit stark tranceinduzierender Wirkung. Wie neuste intraruterine Klangaufnahmen deutlich machen, kommt der Klang dem Geräuschspektrum im Mutterleib sehr nahe (Hess 1996).

Andere Instrumente zeugen von hochentwickelter Kultur. Der Ton der *Klangschale* entsteht fast unmerklich und nicht lokalisierbar. Das Geheimnisvolle dieses schwebend-kreisenden Klanges konfrontiert den Rezipierenden, wenn er sich darauf einlassen kann, mit der rational nicht kontrollierbaren Ebene. Gleichzeitig kann er die Aufmerksamkeit fokussieren. Klangschalen gibt es von der Größe einer Teeschale bis hin zum Umfang von über einem Meter. Von daher reicht das Frequenzspektrum von sehr hohen bis sehr tiefen Tönen, die sehr unterschiedliche Wirkungen haben können. Auch bei *Gongs* gibt es erhebliche Größenunterschiede. Sehr wirkungsvoll sind solche ab etwa 75 cm Durchmesser. Der Klang breitet sich hier weit aus, weist ein facettenreiches Spektrum auf und ruft eine Fülle von Assoziationen hervor. Er ist achtsam zu dosieren, da er existentiell erschütternd sein kann.

2. *Rhythmus*

In den traditionellen therapeutischen Vorgehensweisen des Schamanismus spielen Rhythmusinstrumente, speziell die Rahmentrommel eine zentrale Rolle. Der Schamane betrachtet sie als Fahrzeug, mit dem er in veränderte Bewusstseinszustände reisen kann. Neher (1962) wies nach, dass die konstante Klangstimulation dabei in bestimmten Frequenzen die Gehirnaktivität beeinflusst. Außerdem wird der Trommelschlag häufig in Verbindung gebracht mit dem mütterlichen Herzschlag. Wenn wir bedenken, dass wir die ersten neun Monate intrauterin in dieser rhythmischen Pulsation schwingen, ist es nicht verwunderlich, dass der Klang der Trommel eine so tiefe Wirkung auf den Menschen hat und dass sie in solch frühe Zustände von Existenz führen kann.

In der Tradition des Schamanismus werden meist vorgegebene musikalische Strukturen eingesetzt, z. B. bestimmte Rhythmen, die definierten Bedeutungskomplexen, wie etwa Gottheiten, zugeordnet werden (Maler 1977). In manchen Kulturen ist dies noch heute lebendig. Allerdings erscheint es mir mehr und mehr fraglich, ob man diese auf Menschen anwenden kann bzw. soll, die in unserer Kultur sozialisiert wurden. Es hat auch etwas Mechanistisches, bestimmte rhythmische Strukturen als Wirkkomplexe bei psychischen Störungen und Erkrankungen moderner Europäer anzuwenden. Wenn man aber mit dem Herzen trommelt, und einfach und sicher, erreicht es den Klienten mit großer Wahrscheinlichkeit, wenn dieser selbst dazu bereit ist.

Die verschiedenartigen Rhythmen können auf verschiedene Weise dargeboten werden: Wenn die Rezipienten liegen, kann sich der Gruppenleiter z. B. auf einer Rahmentrommel spielend im Raum bewegen. Aber auch für Bewegungs-Improvisationen ist ein solches Live-Spiel sinnvoll, weil es dem Therapeuten ermöglicht, direkt auf die gegebene Situation und die Bedürfnisse seiner Klienten einzugehen.

d) Musikalisches Live-Spiel für den Klienten

Dies kann auf einem selbstgewählten evt. situationsadäquaten Instrument geschehen; prinzipiell wird entweder dargeboten

- eine freie (bzw. an eines der oben genannten Elemente gebundene) Improvisation oder
- ein Stück aus der Musikliteratur bzw. ein Lied.

Die wichtigste künstlerisch-therapeutische Musizierpraxis in modernen musiktherapeutischen Ausbildungen ist die Improvisation. Sie bietet die beste Möglichkeit, das Atmosphärische und das atmosphärisch Notwendige zu erspüren, musikalisch auszudrücken und permanent zu verwandeln. Jeder Musiktherapeut hat sein zentrales Musikinstrument (manchmal sind es auch zwei oder mehr, und die Stimme gehört natürlich auch dazu), auf dem er sich auch technisch und künstlerisch ständig weiterentwickelt. Auf diesem lernt er im Laufe der Zeit, „Für-Spiel" sicher, geübt und ausdrucksstark einzusetzen. Es kann dabei sowohl aus einem Repertoire an Liedern und Stükken aus der Literatur als auch aus einem Fundus an Improvisationsstrukturen geschöpft werden. Zentraltönige (Bordun-)Musik über einfache Skalen wie Pentatonik, Kirchentonarten usw. oder auch funktional-harmonische Volksliedhaftigkeit oder komplexere Kadenzverbindungen bieten sich an. Letztlich sollte ein Therapeut auf jedem Instrument seines Instrumentariums und vor allem auch mit der Stimme für den Patienten spielen bzw. singen können. Dabei ist sichere Einfachheit überzeugend, entscheidend ist, dass hier nichts „wackelt", sodass der Patient sich getragen und geschützt fühlen kann.

e) Vorspielen eines Musikstückes von Kassette oder CD

Teil der musiktherapeutischen Ausbildung ist meist eine Form von Musiklehre, die Musik auch in ihren historischen und geografischen Dimensionen beleuchtet. Ansonsten wird von einem „Profi" im Musikbereich erwartet, dass er musikalische Bildung und Geschmack entwickelt, ein Gespür für das Atmosphärische in Musiken, was sich in seiner persönlichen und dann auch professionellen Diskothek niederschlägt. Vorschläge dazu aufzulisten, halte ich für nicht förderlich, da die Musik – wenn man sie schon über technische Medien vermittelt – zumindest aus dem musikalischen Selbsterfahrungsprozess des Therapeuten heraus kommen sollte, damit ein direkter Bezug zwischen Musik, Therapeut und Patient entstehen kann.

Neben diesen grundlegenden rezeptiven Vorgehensweisen gibt es noch speziell entwickelte Methodiken, die auch als solche systematisch, also nicht nur situationsabhängig, angewendet werden. Dies sind vor allem die – andernorts ausführlich beschriebenen – Methoden der Regulativen Musiktherapie (RMT) nach Schwabe (Schwabe 1979) und die Guided Imagery and Music (GIM) nach Bonny (Maack 2004).

2. Aktive Vorgehensweisen

Die aktiven Vorgehensweisen in der modernen Musiktherapie sind gekennzeichnet durch das Element der Improvisation. Diese spielt, wie wir gesehen haben, auch in der rezeptiven Musiktherapie heute eine herausragende Rolle und darf durchaus als das wichtigste musikalische Handwerkszeug des Musiktherapeuten betrachtet werden. Da ihr bereits ein eigener Abschnitt gewidmet wurde (Kap. II 7), geht es im folgenden Abschnitt darum, noch einmal die spezielle Bedeutung und Anwendung im therapeutischen Setting zu behandeln.

a) Das offene Setting

Dem Klienten wird ein Frei-Raum mit instrumentalem, stimmlichem und körperlichem Ausdruck angeboten, ohne dass irgendwelche Voraussetzungen musikalischer oder sonstiger Art erwartet werden. Der Musiktherapeut begleitet ihn bei diesem improvisierten Ausdruck in einer Haltung offener, sich einfühlender Antwortbereitschaft, einem der Situation gemäßen Mitspiel: Agieren und Mitagieren sind hier positive Qualitäten des therapeutischen Settings (Abs 1989).

Aufgrund der musikalischen Dialoge entfaltet sich ein komplexer Interaktions- und Beziehungsprozess. Mit der Zeit sollte der Klient einerseits ein Verständnis entwickeln für die unbewussten Bedeutungen dessen, was er von sich ausdrückt – und darauf reagieren: musikalisch oder im klärenden Gespräch. Er kann so auf der nonverbalen Ebene in Kontakt kommen mit Schichten und Gefühlen, die ihm sonst verschlossen bleiben. Andererseits bietet das improvisierende Interagieren einen Rahmen und einen Raum für experimentelles Handeln; Lösungsmöglichkeiten können ausprobiert, neues Erleben und Verhalten entwickelt werden.

Die leere Bühne im geschützten Setting ist wie die Couch des Analytikers: alles mögliche kann sich inszenieren, in Ruhe und Bewegung. Zunächst werden im allgemeinen diejenigen Muster spürbar, die leidvolle Erfahrungen verursachen und positive Potentiale blockieren. Beispielsweise muss ein Gruppenmitglied alle anderen zwanghaft durch laute rhythmische Trommelvorgabe unter seine Kontrolle bringen, was ihm meist eine Menge Ärger einbringt und ihn letztlich isoliert und einsam macht. Oder jemand vermag sich mit seinem Instrument kein Gehör zu verschaffen: niemand beachtet mich, ich bin nichts wert. Ein anderer spürt im lauten Spiel der anderen seine eigene unterdrückte Wut oder Lebendigkeit. Kann er das erkennen oder projiziert er auf die anderen die brutalen Unterdrücker? Dabei können natürlich auch ausgesprochene Gruppenkonflikte auftreten. Die Gruppe spaltet sich beispielsweise in die Lauten und die Leisen. Wer geht zu welcher Gruppe? Wer unterdrückt hier wen? Die Lauten durch ihr Lautsein, oder die Leisen durch die Schuldgefühle und Hemmungen, die sie in den Lauten erzeugen?

b) Spielregeln und Spielthemen

Menschen mit einer schwachen Ich-Struktur sind mit einem ganz offenen Angebot leicht überfordert. Sie verlieren sich darin. Ihr Bedürfnis ist es eher, Anhaltspunkte und klare Orientierung zu finden, sonst taumeln sie im Chaotischen, ufern aus und klagen in irgendeiner Weise Grenzsetzungen ein. Therapeutisch begründete Vorgaben, Themen und Spielregeln für die Improvisationen dienen als Übungsangebote auf der Beziehungsebene. Sie ermöglichen experimentelles Handeln in problematischen Bereichen oder das Aufgefangenwerden in einer persönlichen Krise. Regeln aktualisieren den Umgang mit Grenzen. Dadurch wird der tatsächliche eigene Raum bewusster und kann auf ein stimmiges Maß erweitert oder reduziert werden. Während es für manche einen Fortschritt bedeutet, durch das Einhalten einer Regel mit Formen umgehen zu lernen, ist es für andere ein lange anstehender Akt der Befreiung, gegen Regeln zu verstoßen.

Themen wie „Portrait meiner Mutter", „Mein Kinderzimmer" usw. können zur Exploration eingesetzt werden. Sie vermitteln atmosphärische Eindrücke aus der Kindheit des Klienten, lösen gleichzeitig in diesem psychodynamische Prozesse aus. Die musikalische Gestaltung, vor allem, wenn sie traumatische Aspekte der Entwicklung zur Darstellung und in die Beziehung zum Therapeuten bzw. zur Gruppe einbringt, lässt niemanden kalt. In der Folge ergeben sich differentialdiagnostische Einsichten und eine Fülle von unbewusstem Material, das auftaucht und nun bearbeitet werden kann. Themen ergeben sich auch aus dem jeweiligen Prozessmoment, greifen ein spontanes Erleben auf und knüpfen unmittelbar daran an. So bleibt man im Kontakt mit den inneren Bewegungen und bietet an, sie im Äußeren deutlich werden zu lassen.

c) Begegnung

In der freien Improvisation stellt sich jeder in Bewegungen und Tönen selbst dar, und mit dieser Selbstdarstellung begegnet er den Selbstdarstellungen der anderen, die er nicht kontrollieren kann oder die nicht durch genaue Regeln oder andere rituelle Formen kontrolliert werden. Dabei können Erfahrungen von höchster Sensibilität gemacht werden. Möglicherweise wird es aber auch äußerst bedrohlich. Ich laufe Gefahr, im lauten oder penetrant-rhythmischen Spiel der anderen unterzugehen. Andererseits kann dies wiederum sehr lustvoll sein: wenn ich es zulasse, mich einschwingen will, freiwillig vor Lust vergehe, um mit dem größeren Ganzen des Gruppenklanges zu verschmelzen. Unter anderen Umständen wiederum bietet mir das laute Spiel der anderen einen guten Schutz, einen Vorhang aus Klang, der mich und mein Spiel verbirgt, wenn ich die Selbstdarstellung meiden, mich nicht zeigen möchte. Das andere Extrem wäre die Erfahrung, einmal im Mittelpunkt zu stehen, eine Gruppe zu dirigieren: von einem Instrument aus mit meinem Spiel oder mit den Armen Zeichen gebend wie ein Dirigent oder gar mit dem ganzen Körper, indem die anderen so spielen, wie ich mich vor ihnen bewege. Das kann eine sehr intensive Erfahrung sein: Wie fühle ich mich im Blickpunkt aller, wenn sie auf die feinsten Signale von mir reagieren, wenn ich Verantwortung trage für das, was geschieht...? Was werden die anderen hinterher zu mir sagen?!

Der spontan improvisierte musikalische Dialog führt zu einer intensiven Begegnung mit dem Spielpartner, vielleicht am intensivsten, wenn er auf nur einem dafür geeigneten Instrument stattfindet, z. B. einem Klavier oder einer großen Trommel. Das jeweilige Beziehungsverhalten bildet sich dabei deutlich ab und wird spezifiziert durch die Rolle, die auf den Mitspieler unbewusst übertragen wird. Die Choreographie des Beziehungsverhaltens lässt sich auch sehr gut verfolgen, wenn die Kommunikation auf zwei mobilen Instrumenten quer durch den bewusst einbezogenen Raum stattfindet.

Die plastischste Begegnungsmöglichkeit entfaltet sich beim Dialog auf der großen Trommel. Mein Wiener Lehrer, Prof. Alfred Schmölz (1983, 1988), nannte dies das „Paukenpartnerspiel“. Dabei stellt der Therapeut eine Pauke, eine Djembe oder eine andere große Trommel und zwei Hocker so auf, dass zwei Spieler sich gegenüber sitzen, zwischen ihnen ein rundes Areal aus gespannter tönender Tierhaut. Auf dieser Haut begegnen sie sich, tasten die Hände, jeder in seiner Ecke. Oder jeder in seiner Hälfte bis zu einer wie tabuisierten imaginären Grenze, die nicht überschritten werden darf – es sei denn, einer riskiert den Übergriff, die Begegnung, die Berührung. Oder die Hände tanzen umeinander herum, erobern spielerisch den Raum des anderen, um ihn wieder zu verlassen...

d) Rollenspiele und Aufstellungsarbeit

Rollenspiele sind eine gute Möglichkeit, Beziehungsverhalten anhand realer Personen zu explorieren und zu wandeln. In der freien Improvisation sowohl der Einzel- als auch der Gruppen-Musiktherapie inszenieren sich häufig unbewusste Rollenspiele, in denen nahe Familienmitglieder spontan auftreten. Dies wurde bereits in den 70er Jahren erkannt und gemäß dem tiefenpsychologischen Erkenntnisstand im Rahmen von Übertragung und Gegenübertragung gedeutet. Bewusste Rollenspiele, in denen z. B. der Therapeut oder ein Gruppenmitglied die Mutter der Patient sich selbst spielt, schlossen sich konsequenterweise als nonverbale musiktherapeutische Interventionsformen an. Dabei kam automatisch die Instrumentenwahl ins Spiel: also welches Instrument ordnet der Patient der Mutter, welches sich selbst zu ?

Mit der Entwicklung vom dyadischen zum systemischen Denken und Vorgehen in der Psychotherapie verlagerte sich die Sichtweise von der Interaktion zwischen einzelnen Mitgliedern der Familie und dem Patienten hin zur Interaktion im „System Familie“ als Ganzheit Methodisch konsequent werden dann also Musikinstrumente für alle Familienmitglieder gewählt und im Raum so positioniert, dass auch deutlich wird, wer wohin schaut – die Familie als Musikkapelle! In der Gruppe können Teilnehmer und Teilnehmerinnen als Stellvertreter gewählt, aufgestellt und mit Instrumenten ausgerüstet werden, auf denen sie dann gemeinsam improvisieren. Sowohl in der Einzel- als auch in der Gruppenarbeit mit Aufstellungen bildet sich dabei ein teilweise hoch wirksames Feld, mit dem zu arbeiten eine gründliche spezielle Ausbildung und viel Lebens- und Berufserfahrung erfordert (vgl. Timmermann 2003).

Eine Fülle von konkreten Spielregeln und Spielthemen zieht sich praktisch durch die gesamte musiktherapeutische Literatur. Diese zu rezipieren, auszuprobieren und für sich zu entdecken gehört zum Handwerk. Zur Kunst reift die Musiktherapie dann, wenn sie spontan aus der Situation entsteht.

3. Klienten- und prozessorientierte Anwendung

Rezeptive und aktive Vorgehensweisen sind sich methodisch ergänzende Elemente der musiktherapeutischen Arbeit (vgl. Timmermann 1998). Die Situation des jeweiligen Klienten bzw. in der Gruppe entscheidet, ob Musikhören oder Musikmachen angeboten wird. Ändert sich die Situation, können sich auch Vorgehensweisen ändern. Bei Klienten mit einer tendenziell schwachen Ich-Struktur kann man mehr methodische Stringenz vereinbaren. Ansonsten ermöglicht die hier beschriebene tiefenpsychologisch orientierte Musiktherapie methodische Flexibilität, was ihrem großen Repertoire an möglichen Angeboten entgegenkommt. Im offenen Raum als Spiel-Raum inszeniert sich im Lauf der Zeit, was aus dem Patienten in der Begegnung mit dem therapeutischen Du entsteht. Der konkrete Prozessmoment bestimmt die Entscheidung, *mit* dem Patienten zu spielen oder *für* ihn. Gezielte Angebote aus dem musiktherapeutischen Repertoire aktiver und rezeptiver Musiktherapie helfen ihm, neue Erfahrungs- und Verhaltensmöglichkeiten durch experimentelles Erleben und Handeln zu vertiefen.

Der folgende Überblick fasst die in den beiden vorhergehenden Abschnitten behandelten Vorgehensweisen zusammen.

Überblick über rezeptive und aktive musiktherapeutische Vorgehensweisen für die Einzel- und Gruppenarbeit

Einzel	*Gruppe*
Musik spielen für den Klienten	Musik spielen für die Gruppe
freier musikalischer Dialog	freie Gruppen-Improvisation
themenorientierter Dialog	themenorientierte Improvisation
Regelspiel	Regelspiel
Rollenspiel	Rollenspiel
Lieder singen und gestalten	Lieder singen und gestalten
systemische Aufstellung mit Instrumenten	systemische Aufstellungen mit Stellvertretern und Instrumenten

Die Angebote konkretisieren sich, wie gesagt, an der jeweiligen Situation im Prozess. Dies soll im folgenden noch deutlicher werden, wenn wir sie im Zusammenhang mit den psychotherapeutischen Techniken betrachten und an kurzen Beispielen näher beschreiben.

4. Psychotherapeutische Techniken und ihre musiktherapeutische Verwirklichung

Nachdem also grundlegende Vorgehensweisen der Musiktherapie geschildert und unter dem Gesichtspunkt ihrer Abstimmung auf Indikation und Prozess betrachtet wurden, sollen sie im folgenden im Hinblick darauf beschrieben werden, wie sie sich als psychotherapeutische Techniken musikalisch bzw. musiktherapeutisch konkretisieren. Ein einheitlicher und schulenübergreifender Überblick über die konkreten psychotherapeutischen Techniken, im Sinne eines lehrbaren Konsens', lässt sich aus der Literatur nicht aufstellen. Man findet aber bei Priestley (1982, 1983), Storz (2000, S. 444 f.) und Fitzthum (2001, S. 38 f.) Ansätze, die hier aufgrund von Beispielen aus der musiktherapeutischen Behandlungspraxis geordnet und in ihrer Ausführung geschildert werden.

Zunächst wieder ein Überblick über wichtige psychotherapeutische Techniken, die hier behandelt werden.

Psychotherapeutische Techniken

- Halten / Holding
- Stützen
- Nähren
- Spiegeln
- Konfrontieren /Provozieren
- Durcharbeiten
- Verbalisisieren / Musikalisches Verdeutlichen
- Aufstellungen

Wie konkretisieren sich diese nun in der Musiktherapie?

a) Halten / Holding

Das Gefühl des Gehaltenseins entsteht bei dem sich hingebenden Klienten, wenn er ganz und gar eingehüllt wird in eine verlässliche klanglich-rhythmische Gestalt, wenn er sich getragen weiß vom Therapeuten bzw. von der Gruppe und vor der Angst bewahrt ist, zu fallen oder zu zerfallen. Dies kann mit sehr einfachen musikalischen Mitteln geschehen, und zwar sowohl im Rahmen von aktiven als auch von rezeptiven Vorgehensweisen.

Wesentlich beim rezeptiven Vorgehen, speziell beim „Für-Spiel" ist, dass die Musik von einer inneren Sicherheit des Spielenden zeugt, also klar und verlässlich erklingt: ein Rhythmus, der ruhig einfach sein kann, aber an dem nichts „wackelt"; ein voll fließendes Klang-Kontinuum, eine mit dem Herzen gesummte Melodie aus sich wiederholenden Motiven...

Martha bekam in einer bestimmten Phase des Gruppenprozesses einen Migräne-Anfall. Sie spürte, dass sie sich die ganze Zeit davor für andere Gruppenmitglieder verantwortlich gefühlt hatte, immer wieder gegen ihr eigenes Interesse aus der „Geschwisterrolle" in die „Elternrolle" gewechselt hatte. Die größte Bedrohung war, ausgeliefert zu sein, den Stress der Kontrolle loszulassen, sich hinzugeben, sich halten und tragen zu lassen. Ich schlug ihr vor, sich in der Mitte auf eine Dekke zu legen und die Augen zu schließen. Dann lud ich die Gruppe ein, für sie zu summen. Dabei sollten sich die einzelnen Teilnehmer sehr achtsam auf Martha zu bewegen, indem jeder sein eigenes Maß an Nähe und Distanz erspürte. Zum Schluss bildete die Gruppe ein Oval um sie herum, einige waren ihr ganz nah, berührten ihre Füße, Beine, Arme, Hände, eine Frau sogar ihren Kopf. Bei diesem behutsamen Vorgehen wurde von niemandem mehr gefordert als er oder sie bereit war zu geben. So war es Martha möglich, die angebotene Nähe anzunehmen. Als sie die Augen aufschlug und sich so geborgen sah, weinte sie vor Glück. Das Summen der Gruppe als kontinuierlicher Klang der menschlichen Stimmen in der sie umgebenden Gemeinschaft hatte sie getragen und gehalten. Die Migräne hatte sich in dieser Situation vollständig aufgelöst, weil das kleine Kind in Martha wirklich Kind sein konnte.

Bei aktiven Vorgehensweisen nutzt die Musiktherapie die tragende Wirkung der Musik im Dialog oder im Gruppenklang. Der Therapeut ist ein verlässlicher Spielpartner, der mit seiner Musik spürbare Präsenz und aufmerksame Zuwendung signalisiert. Fundierende Basslinien und Rhythmen oder auch repetitive melodische Muster geben dem Spiel des Klienten einen sicheren Rahmen, innerhalb dessen der Klient zu seinem eigenen Spiel finden kann.

b) Stützen

Gegenüber dem Holding ist beim Stützen der Klient schon dabei, eigene Schritte ins Leben zu gehen, er braucht aber noch eine stützende Begleitung, wie ein Kind, das noch nicht alleine gehen kann. Hier sind eher aktive Vorgehensweisen gefragt, die ähnlich sind wie beim Holding. Immer wieder schützt der Rahmen fundierender Rhythmen und Basslinien, aber auch bestätigende Antworten auf musikalische Äußerungen sind ermutigend, auf dem eigenen Weg voranzuschreiten.

In der Gruppe lasse ich den Klienten manchmal „Helfer“ wählen, andere Gruppenteilnehmer, die er um sich herum sammelt, damit sie ihn im musikalischen Ausdruck stützen, damit er nicht so allein damit ist, ein schwieriges Gefühl auszudrücken. Dies knüpft an das Setting traditioneller Heilungsrituale an, in denen die stützende Begleitung der Gemeinschaft eine wesentliche Rolle spielt. Wie dies heute aussehen kann, zeigt das folgende Beispiel.

Evelyn kam in einer Gruppenstunde an für sie sehr schwierige Gefühle, nämlich die Wut auf ihre Eltern, die sie real über das erträgliche Maß hinaus schikaniert und misshandelt hatten. Durch ständige brutale Prügel aus nichtigen Anlässen, vor allem durch den oft betrunkenen Vater, war Evelyn schwer traumatisiert. Vor einer inneren Versöhnung war der adäquate Ausdruck eines gerechten Zorns angesagt. Ihre Angst davor war nur zu verständlich, da sie sich angesichts dieser Eltern immer noch klein und schutzlos fühlte. Als ich ihr anbot, sich „Helfer" zu suchen, wählte sie vier Gruppenteilnehmer, stattete sie mit Instrumenten aus und positionierte zwei davon hinter sich und einen an jede Seite. Dann konnte sie in Richtung zweier weiterer Gruppenmitglieder, die ihre Eltern vertraten, ihre Gefühle zulassen und musikalisch ausdrücken.

Eine ähnliche Situation aus einer Einzelsitzung schildert das folgende Beispiel.

Für **Ingrid**, eine 35jährige Frau, die mit Ängsten und Schlafstörungen zu mir kam, war es einfach zu bedrohlich, dass ich ihr gegenüber an der großen Trommel saß. Sie wusste bereits aus einer Gesprächstherapie, dass sie die Wut auf ihre sie vernachlässigende und ständig abwertende Mutter nicht spüren konnte. Nur nützte ihr dieses Wissen nicht viel. Es war in ihrem Verstand präsent, nicht aber in Körper und Seele. Sie hing an diesem Punkt fest und konnte weiterhin nicht schlafen. Ihre Angst davor, diese Wut zu zeigen, war immens, weil sie für heftige Gefühlsausbrüche immer schwer bestraft worden war. Sie wurde in einen dunklen Raum eingesperrt, wo sie sich sehr fürchtete. Diese Furcht blockierte den Ausdruck von Wut, starken Gefühlen und Vitalität überhaupt.

Als ihr Therapeut erlebte ich mich auf einer Gratwanderung zwischen stützendem und herausforderndem Verhalten. Als ich merkte, dass sie sich an der Trommel als symbolischem Raum von mir als ein Gegenüber immer mehr zurückzog, nahm ich meinen Hocker und setzte mich neben sie. So trommelten wir in eine Richtung, verbündet gegen eine gemeinsame Gefahr: die Angst vor dem dunklen Raum. Weil ich meine Kraft dazugab, konnte sie sich aus ihrer Ecke wagen und selbst stark werden, laut und deutlich spielen und sich dabei spüren. Sie ließ in dieser Szene erstmals ein Stück von der festsitzenden Wut los, was sie als sehr befreiend erlebte. Meine solidarische Haltung und die Enttabuisierung des lautstarken Gefühlsausdrucks gaben ihr die Möglichkeit, sich auf ihre eigenen Kräfte zu besinnen und diese für ihren Gesundungsprozess einzusetzen.

Verschiedenste Spielregeln und rituelle Inszenierungen können stützende Funktion haben. Sie konkretisieren sich an der jeweiligen Situation.

c) Nähren

Auch diese Technik kann musikalisch rezeptiv oder aktiv angewendet werden. Der Therapeut kann für den Klienten spielen und singen, ihn mit „satten" Klängen füttern. In der aktiven Begegnung schwingt sich der Therapeut auf ihn ein, wird wesentlich in der Beziehung, wendet sich an das seelisch nach Beziehung hungernde innere Kind.

Diese Thematik war von großer Bedeutung im Rahmen einer Einzel-Musiktherapie mit **Judith**, die mit 29 Jahren wegen einer Bulimie (Essbrechsucht) zu mir in die Musiktherapie kam. Ohne Leistung wurde sie nicht gemocht. Sie wollte lernen zu spielen und damit nährende Lebendigkeit zu integrieren. Bereits nach der ersten gemeinsamen Improvisation (sie sprach hinterher selbst von einem „Dialog") spürte sie in sich ganz viel Lebendigkeit und äußerte den Wunsch, diese ausdrücken.

Wir gingen also an den Korb, in dem diverse Rhythmusinstrumente lagen, und alsbald hob ein Rasseln, Scheppern und Klappern an, dass es klang wie tiefster Dschungel und Zikadenfeld gleichzeitig. Judith strahlte. Sie fühlte sich rundherum zufrieden. „Das nährt", sagte sie und legte ihre Hand auf den Bauch. „Es tut gut, einfach mal so loszumachen." Sie sei als Kind schon wie eine Erwachsene behandelt worden, hätte nie ausgelassen sein oder einfach mal „blöde Sachen" machen dürfen. Im weiteren Verlauf der Therapie wurde Judith immer deutlicher bewusst, dass sie sich „den Mund stopft", wo es sie eigentlich nach Nähe und Beziehung verlangt. Im musikalischen Dialog fiel es ihr jedoch lange Zeit schwer, diese Beziehung herzustellen. Immer wieder verkrampfte sie sich, suchte Kompliziertheiten, in denen sie sich verfing, und entwertete dann ihr eigenes Spiel. Wenn sie es dagegen schaffte, einfach zu bleiben und mit mir in eine gemeinsame Schwingung einzumünden, dann gab es eine Stimme in ihr, die sagte: „Das ist zu einfach!" Die intellektuelle Erziehung meldete sich zu Wort und versuchte, die emotional spielende Judith abzuwerten. Mit der Zeit wurde jedoch deutlich, dass sie im arhythmischen und chaotischen Spiel ein Gegengewicht zu ihren kontrollierenden Anteilen suchte. Wenn sie sich (meist am Klavier) „ausgetobt" hatte, konnte sie auf der Trommel einen einfachen klaren Rhythmus spielen. So lernte sie mit der Zeit, die „Klang-Nahrung" in verdaubare Portionen zu dosieren.

d) Spiegeln

Diese Technik dient der Stärkung des Klienten dadurch, dass er sich emotional wahrgenommen und dieser Beachtung wert fühlt. Gerade bei narzisstischen Störungen ist das Spiegelbild – dem Mythos entsprechend – von hervorragender Bedeutung.
In der Einzelmusiktherapie kann man beispielsweise die musikalischen Äußerungen des Klienten so wiederholen, dass er seinen eigenen Gefühlsausdruck in ihnen wiedererkennt.

Anselm spielte allein und traurig auf dem Xylophon vor sich hin. Er nahm mich und mein Spiel nicht wahr. Es kam ihm gar nicht in den Sinn, auf mein Spiel zu achten, als wenn es sich um etwas von ihm Getrenntes handelte, dass nichts mit ihm zu tun hatte. Erst als ich sein Spiel eindringlich wie ein Echo wiederholte, schaute er plötzlich erstaunt auf und zu mir hin. Im weiteren Verlauf wandelte sich der Ausdruck des Erstaunens auf seinem Gesicht in ein Lächeln. Er entdeckte zunehmend die Lust, sich im anderen wiederzuerkennen, darüber die Lust am Dialog, der dann von meiner Seite auch abweichende und kontrapunktische Formen annehmen konnte. So konnte er sich in der Interaktion zu einem eigenen Selbst hinentwickeln.

Ein an diese Thematik anknüpfendes Angebot in Gruppen ist die Solo-Tutti-Improvisation, bei der einer spielt, wie er sich gerade fühlt. Dann schließt er die Augen und lauscht, während die Gruppe mit einem musikalischen Feedback antwortet.

Erwin war beim musikalischen Gruppenfeedback tief erschüttert, einfach weil er eine Antwort erhielt. Es brachte ihn in Kontakt mit einem Gefühl tiefen Verlassenseins, das er erlebt hatte, als er nach der Geburt wegen des Verdachts auf eine Infektion von der Mutter getrennt wurde und auf einer Quaratäne-Station isoliert wurde. Die Sehnsucht nach Antwort auf sein verzweifeltes Schreien nach Kontakt wurde ihm in der musikalisch reichhaltigen Antwort der Gruppe einerseits schmerzlich bewusst, andererseits war er in der Tiefe heilsam berührt und konnte in der Folge eine ganz andere Beziehung zur Gruppe („Mutter") aufbauen und dort einen guten Platz für sich finden.

e) Konfrontieren/Provozieren

Neben einfühlsamem, unterstützendem Begleiten ist manchmal auch ein konfrontatives bis provokatives Vorgehen der Situation angemessen. Dabei nehme ich meine Gegenübertragung ernst und mache ich mich sozusagen zum Anwalt der verleugneten Teile des Klienten, indem ich diese in mir spüre und ausdrücke, ohne dabei die erforderliche therapeutische Abstinenz und den Überblick aufzugeben.

So spielte ich einmal in das harmonisierende Geklimper eines die Selbsterfahrung strikt vermeidenden Patienten, den ich hier **Ernst** nenne, schräge Töne so sekkant hinein, dass dieser daraufhin erstmals eine gefühlsmäßige Reaktion zeigte. Er wurde spürbar ärgerlich auf mich. Ich machte diesen Ärger sofort zum gemeinsamen musikalischen Thema. Im Spiel steigerte sich dieser Ärger zu einer handfesten Wut und sehr bald merkte er, dass diese Wut im Grunde nicht mir galt, sondern seinem Vater. Dies wurde dann zum ersten Thema unserer therapeutischen Arbeit.
Es ging hier explizit nicht um Manipulation, sondern ich versuchte Ernst zu vermitteln, dass sein Emotionen vermeidendes Spiel bei mir (als exemplarischem Gegenüber) durchaus eine gefühlsmäßige Reaktion hervorruft, dass er also der emotionalen Ebene auf diese Weise nicht entkommt. Dann konnten wir miteinander klären, warum er solche Reaktionen in seinem Alltag oft bekommt, dass also Mit-

menschen immer wieder seinen eigenen Ärger ihm gegenüber zum Ausdruck bringen.

Nur durch das gefühlsmäßige Beteiligtsein im Spiel kann der eigentliche emotionale Zustand aufgedeckt und bearbeitet werden. Derartige Provokationen erlaubt am ehesten die Spielebene, wo „als ob" und „echt" eng beieinander liegen, wo sich solche Grenzgänge aber eben spielerisch gestalten können. Auf der Gesprächsebene gibt es dann die Möglichkeit, die Choreographie des nonverbalen Dialoges zu beschreiben und mit dem alltäglichen Beziehungsgeschehen zu vergleichen. Außerdem kann man weitere musikalische Aktionen vereinbaren. Die Bearbeitung von Konflikten kann auch in der Musik selbst stattfinden. Die entsprechenden Gefühle auszudrücken, muss oft mühsam wiedererlernt und das heißt eben auch „geübt" werden.

f) Durcharbeiten

Die klassischen Behandlungstechniken treten in der Musiktherapie in modifizierter Form auf. Dabei werden dann auch intellektuell retardierte Personen mit sprachlichen Beeinträchtigungen sowie Patienten mit strukturellen Ich-Störungen psychotherapeutisch behandelbar, während die Technik des Durcharbeitens in der Psychoanalyse ein intaktes Ich sowie Einsichtsfähigkeit voraussetzt (Oberegelsbacher 1997, S. 48 f.). Die Musiktherapie ermöglicht ein „Üben ohne zu üben" (Schmölz), indem „gespielt" wird. Es geht dabei nicht um ein Antrainieren von verändertem Erleben und Verhalten, sondern um ein „tiefenpsychologisches Üben", bei dem der Wandlungsprozess im geschützen Rahmen probehandelnd vollzogen werden kann.

An anderer Stelle (Timmermann 1994, S. 151 ff.) habe ich den musiktherapeutischen Prozess in vier Phasen beschrieben, die zeitlich natürlich nicht streng getrennt werden können, sondern sich durchmischen: Erleben – Erkennen – Üben – Wandeln. Die Veränderung in Richtung mehr seelische Gesundheit wird in der therapeutischen Situation selbst durch experimentelles Handeln gestärkt, in der musikalischen Interaktion also, die lebendig vorbereitet auf das Handeln im alltäglichen Leben.

Anneliese litt seit vielen Jahren an einer mittlerweile chronifizierten Depression. Sie war auf eine Weise immer lieb und nett, dass aller Ärger an den jeweils anderen delegiert wurde. Dann konnte sie sich mit Recht als Opfer fühlen und verzweifelt weinen, weil alle so gemein zu ihr waren. Das Partnerspiel auf der großen Trommel wurde zu einer zentralen Vorgehensweise in unserer therapeutischen Arbeit. Im Verlauf vieler Sitzungen und angesichts des geschützten Rahmens und Vertrauensverhältnisses, das sich zwischen uns entwickelte, konnte sie allmählich ihren Raum auf dem Fell einnehmen, ihn dann auch verteidigen und schließlich sogar Aggressionen auf der spielerischen Ebene gegen mich zulassen. Dieser Prozess war keineswegs ein systematisches Training, sondern er bedurfte in den einzelnen Phasen immer wieder verschiedenster anderer der oben beschriebenen Techniken, damit wir mit dieser Vorgehensweise vorankamen. Der Transfer in die Alltagswirklichkeit, vor allem die Auseinandersetzung mit Kollegen, Hausmeister usw. war dann Thema unserer Gespräche.

Dem Thema Verbalisieren bzw. Musikalisches Verdeutlichen möchte ich, seiner Wichtigkeit angemessen, einen eigenen Abschnitt widmen.

5. Verbale und nonverbale Aufarbeitung: Deutung und Verdeutlichung

In verbalen Formen von Psychotherapie steht bei der Bearbeitung der auftauchenden Problematik das Wort, die Sprache im Vordergrund, während gleichzeitig im Hintergrund andere Kräfte intensiv mitwirken. Diese haben einerseits zu tun mit dem Atmosphärischen, mit Stimmung, Schwingung, Resonanz, Rhythmen usw. sowie mit den Botschaften jenseits des semantischen Gehaltes von gesprochenen Worten, den sog. paralinguistischen oder außersprachlichen Elementen des Sprechens: Stimmklang, Tonhöhe, Lautstärke, Sprachrhythmen sowie mit Gestik, Mimik, Körperhaltungen, -bewegungen, -reaktionen (vgl. auch Kap. II 4, Eggebrecht 1985, Nitschke 1984, Papousek 1981). Auch die präverbale Bedeutung des Rhythmus von Sprechen und Schweigen im therapeutischen Gespräch wurde bereits untersucht (Kächele et al. 1973). Dazu kommen eine Fülle von Faktoren, die in der gesamten Haltung des Therapeuten wurzeln und im Bündnis mit dem Klienten eine heilsame Beziehung begründen können.

In der Musiktherapie ist Sprache eine Möglichkeit unter anderen. Musiktherapeutische Inszenierung und Aufarbeitung kann rein musikalisch, im Wechsel von musikalischen und sprachlichen Elementen oder ggf. auch rein verbal geschehen. Sie bezieht sich jeweils auf das, was durch musiktherapeutische Vorgehensweisen ausgelöst wurde. Für die Herstellung einer therapeutischen Beziehung ist das Wort im allgemeinen allerdings unverzichtbar, auch wenn dessen Verwendung unter Umständen einseitig vonstatten gehen muss, d. h. wenn nur der Therapeut sich verbal äußern kann und dies nur in Form von Begrüßung, Abschied und gelegentlichem einfühlsamen Kommentieren der Situation tut. Andernfalls würde die Stummheit in der Situation seltsam wirken.

„Deshalb ist die Konstruktion eines Gegensatzes von verbaler Therapie und non-verbaler Therapie eine unglückliche und unnötige Sonderung; sie verkennt, dass explizit non-verbales Geschehen, wie es in Mal- und Musiktherapien instrumentalisiert wird, immer eingebettet ist in jene dialogischen Prozesse, die für die Herstellung einer therapeutischen Beziehung unerlässlich sind“ (Kächele/ Scheytt-Hölzer 1990, S. 290).

Eine klassische verbale tiefenpsychologische Technik ist die Deutung. Sie ist immer Teil eines komplexen Beziehungsgefüges und muss der Einzigartigkeit jedes einzelnen Klienten gerecht werden (Thomä/ Kächele 1986, S. 12); sie bewirkt, dass den Einfällen des Klienten ein vor- oder unbewusster Kontext hinzugefügt wird (ebenda S. 278). Deutungen sind also letztlich Hypothesen über die Wirklichkeit des Klienten, wie dieser sie mitteilt und so für den Therapeuten konstruiert. Eine solche Konstruktion enthält, neben den verbalen Äußerungen, das, was er mittels des spontan aus dem Unbewussten auftauchenden Materials von sich berichtet (Träume, Bilder, Phantasien...) und zeigt (Mimik, Gestik, Körperhaltungen, Handlungen...). Diese Hypothesen werden im Gespräch an der realen Biographie und Lebenssituation des Klienten überprüft. Wenn sie stimmen, kommt es zu einer Einsicht, auf deren Basis der weitere Prozess sich entwickeln kann.

In primär nonverbalen Verfahren steht die Aufmerksamkeit für derartige Weisen des Ausdrucksverhaltens im Vordergrund. Hier könnte dann also beispielsweise Reden ein „Agieren“ sein. Was fängt man aber nun mit dem an, was der Klient nonverbal von sich zeigt?

In der Musiktherapie könnte dies konkret so aussehen, dass sich wiederholende Beobachtungen hinsichtlich der Instrumentenwahl und des musikalischen Ausdrucksverhaltens eines Klienten zu einem bestimmten Thema im Therapeuten einen Verdacht erhärtet, den er zu gegebener Zeit in geeigneter Form dem Klienten zur nachspürenden Reflektion anbietet. Ein simples Beispiel: Der Klient wählt im Zusammenhang mit seinem Vater immer wieder kleine, unscheinbare, leise Instrumente, auf denen er kaum wahrnehmbar spielt. Hier könnte der Therapeut dann verbal intervenieren, indem er sagt: „Ich nehme zum wiederholten Male wahr, dass sie bei der Darstellung ihres Vaters für mich kaum spürbar werden. Könnte es sein, dass sie ihren Vater so erlebt haben?“ So wird ins Bewusstsein gehoben, dass das, was der Klient unbewusst von sich mitteilt, in einem biographischen Zusammenhang steht und kann nun weiter bearbeitet werden.

Andererseits kann man aber auch nonverbal „verdeutlichen“. Dieser Ausdruck wird beispielsweise in der Atemtherapie verwendet, wenn in der Einzelarbeit die Hände des Behandlers dem Klienten in der Berührung vermitteln, was in seinem Atem geschieht, wo Lebendigkeit bislang keinen Raum hatte und dieser sich jetzt gerade mit Leben füllt. Was sich hier nonverbal auf der körperlichen Ebene zeigt, kann in der musiktherapeutischen Improvisation dem Klienten im Spiel bewusst werden. Beispielsweise spürt er im musikalischen Spiegeln des Therapeuten etwas über seine Art und Weise, in Beziehungen nicht präsent sein zu können. Wenn dann im weiteren Prozessverlauf ein befriedigendes (musikalisches) Zusammenspiel gefunden wird, wandelt sich die Befindlichkeit. Manchmal sollte man darüber noch reden, manchmal jedoch besser nicht, damit nicht die Wirkung als solche gestört wird.

Für das Thema Deuten und Verdeutlichen finde ich auch eine phänomenologische Haltung relevant, die ich im folgenden nur kurz skizzieren möchte (näheres in Timmermann 2003). Der Therapeut sollte hierbei idealerweise vom Phänomen ausgehen und nicht von dem, was er sich dazu denkt, erwartet, erhofft. Er sollte jederzeit bereit sein, durch das, was sich momentan zeigt, seine bisherige Sicht der Wirklichkeit in Frage zu stellen. Diese Haltung postuliert, dass Phänomene als erfahrbare und bezeugbare (vor allem in Gruppen) Wirklichkeit letztlich der symbolischen Deutung überlegen sind, weil sie unmittelbarer wirken. In der Musiktherapie kann man zwar das Verhalten im Rahmen einer Improvisation mit Recht auch als Folge spontaner symbolischer Handlungen interpretieren. Ich mache jedoch immer wieder die Erfahrung, dass verbale Interventionen desto wirksamer sind, je näher sie am gerade für alle spürbaren Phänomen bleiben. Die phänomenologische Therapeutenhaltung zielt auf minimiertes Eingreifen ab und lässt viel Zeit und Raum für intuitives Handeln und Improvisation, sodass Lösungen sich möglichst von selbst zeigen können. Der Therapeut als handelndes Subjekt tritt zurück und lässt durch seine Offenheit, sein aufmerksames Leerwerden Platz für die Wirklichkeit, wie sie sich gerade darstellt. Dazu braucht es Mut und Demut: Mut insofern, als auch der Therapeut überrascht werden kann von etwas Unbekanntem; Demut, weil auf vorgestellte Ziele zugunsten der sich tatsächlich offenbarenden Wirklichkeit verzichtet wird.

Neben einer positiven Beziehungserfahrung zählt Einsicht in unbewusste Zusammenhänge zu den zentralen Wirkfaktoren tiefenpsychologisch orientierter Psychotherapie. Dies meint allerdings nicht ein intellektuelles Begreifen, sondern eine affektive Einsicht, an der sowohl kognitive als auch emotionale Faktoren beteiligt sind (Wöller/ Kruse 2002, S. 113). Man könnte der Einfachheit halber auch von spontaner aber existentieller Einsicht sprechen. In den herkömmlichen Verfahren wird Einsicht im allgemeinen an ein verbales Geschehen geknüpft, also beispielsweise eine gelungene Deutung, die einen emotionalen Effekt hat und zu Veränderung führt.

In der Musiktherapie wie in anderen nonverbalen Verfahren wird der Schwerpunkt teilweise und ggf. ausschließlich darauf gelegt, Einsicht und Veränderung auf nonverbalem Wege zu erreichen. Wo allerdings das Wort als Möglichkeit vorhanden ist, also vor allem in der musiktherapeutischen Arbeit mit sprachfähigen Erwachsenen, da sollte es auch Verwendung finden. Der Vorteil gegenüber rein verbalen Verfahren ist dann seine ökonomische Verwendung. Nach De Backer/ van Kamp (2001) vermindert dies die Gefahr, „den Patienten auf eine imaginäre Weise zu situieren“ und „sich an fixen Bedeutungen festzuhalten, welche aus Worten bestehen“ (S. 10). Diese Autoren vertreten auch schlüssig die Meinung, dass verbale Techniken wie Deuten, Interpretieren, Konfrontieren eher vaterspezifisch sind, während eine mutterspezifische Haltung eher ein Halten (Holding), Spiegeln, einfach nur Zuhören, Lauschen auf nicht Gesagtes, Empathie und grundsätzlich wertneutrale Bejahung beinhaltet. Das Konzept der Einsicht fände seine Grenze in der therapeutischen Arbeit mit frühgestörten Menschen, bei denen diese mutterspezifischen Techniken zu beherzigen seien (S. 18 f.).

Schlussfolgernd bliebe also festzuhalten, dass das Wort in der Musiktherapie durchaus einen wichtigen Platz einnimmt und die nonverbalen Elemente wirksam ergänzen kann. Dieser Aspekt sollte daher in musiktherapeutischen Ausbildungen gebührend berücksichtigt werden. Allerdings werden wir im nächsten Abschnitt sehen, dass Musiktherapie auf eine große Indikationsbreite hin angelegt ist. Daher kann auch bei einer tiefenpsychologisch orientierten Musiktherapie das Element der Einsicht nicht immer die zentrale Rolle spielen, sondern häufig ein fachkundiges Begleiten und geduldiges Geschehen- und Wirkenlassen.

Susan Sontag sagt in ihrem berühmten Text „Against interpretation“ (1966) über die Kunst sinngemäß, man solle statt auf die Hermeneutik mehr auf die Erotik, mehr auf die ursprüngliche Kraft und Inkommensurabilität des künstlerischen Ausdrucks vertrauen, und, statt primär die Form mit Bedeutungen zu überfrachten, mehr das Inhaltliche wirken lassen. Vielleicht lässt sich das ein Stück weit ja auch auf die künstlerischen Therapien anwenden.

6. Aufstellungen

Eine in den 90er Jahren in ihren vielfältigen Dimensionen erkannte Technik ist die Aufstellungsarbeit. Durch die damit gemachten Erfahrungen wurden vor allem die systemischen und transgenerativen Aspekte in ihrer Bedeutung bewusst, die von einigen Autoren bereits in den 70er Jahren betont und durch stetige Forschung weiterentwickelt wurden (Boszormenyi-Nagy/ Spark 1996; Ancelin Schützenberger 2003). In der Musiktherapie werden Aufstellungen unter Einbezug von Musikinstrumenten in der Einzel- und Gruppentherapie durchgeführt. Die symbolische Stellvertretung von Menschen aus der Ursprungs- oder Gegenwartsfamilie, aber auch von archetypischen Figuren wie Tod oder Schicksal, von Gefühlen, Symptomen oder Traumteilen durch Instrumente und (in Gruppen) Personen wirkt in Aufstellungen als ergiebige Quelle von Information, Inspiration und lebendiger Erfahrung eines größeren Ganzen. Die achtsam zueinander positionierten personalen und nichtpersonalen Repräsentanzen wirken als Feld und transportieren ein Mehr an Wirklichkeit in den Raum (Timmermann 2003).

V. Die klinische Praxis

Dieser Teil fällt für viele Leser sicher enttäuschend kurz aus. Dies liegt vor allem daran, dass für einen klinischen Teil mit vielen Praxisbeispielen, die ausgewogen die verschiedenen Arbeitsfelder beleuchten, ein einzelner Autor schlicht überfordert ist. Es wäre als Aufgabe angemessen für ein Autorenteam mit erfahrenen Musiktherapeutinnen und Musiktherapeuten aus verschiedenen Bereichen in einem noch zu schreibenden Lehrbuch der Musiktherapie. Im gegebenen Rahmen kann ich nur einen sehr gerafften Überblick anbieten, weise jedoch Interessierte auf die zahlreichen bereits vorliegenden Falldokumentationen in den einschlägigen Fachzeitschriften (Musiktherapeutische Umschau, Einblicke, Musik-, Tanz- und Kunsttherapie), die vielen der im Literaturverzeichnis angegebenen Bücher sowie die Abschluss- und Diplomarbeiten der musiktherapeutischen Ausbildungen hin. Dazu kommen natürlich noch die weltweiten Veröffentlichungen in anderen Sprachen.

Es folgt also, wie gesagt, ein eher geraffter Überblick über wesentliche Aspekte der Musiktherapie in der klinischen Praxis.

1. Indikationen und Arbeitsfelder

Musiktherapie kann überall dort hilfreich sein, wo psychotherapeutische Behandlung bzw. psychohygienische Begleitung krankheits-, behinderungs-, störungs- oder krisenbedingter körperlich-seelisch-geistiger Zustände und Prozesse am wirkungsvollsten unter Einbezug des Mediums Musik geschehen kann.

Einfacher und allgemeiner vermag ich die Indikationsstellung für Musiktherapie nicht zu formulieren. Daraus ergeben sich die weiter unten aufgeführte Konkretisierung der diagnostischen Definitionen und die zugehörigen Arbeitsbereiche, und zwar unter Berücksichtigung der jeweiligen klinischen Bedingungen, des therapeutischen Umfeldes und den persönlichen Bedingungen der Klientel.

Die besonderen Qualitäten des Nonverbalen und des spezifisch Musiktherapeutischen wurden bereits behandelt (vgl. Kap. II 4 u. 5). Musiktherapie lässt sich mit verschiedensten anderen Modulen psychotherapeutischen Arbeitens kombinieren. Gleichzeitig lässt sie sich auch abgrenzen von anderen Formen primär nonverbaler und künstlerischer Therapien (Timmermann 2004a).

Ursprünglich war der Auftrag des Musiktherapeuten rein medizinisch-psychopathologisch aufgrund diagnostischer und differenzialdiagnostischer Gegebenheiten definiert. In vielen klinischen Bereichen ist dies auch heute noch üblich und richtig. Darüber hinaus erschließt sich die Musiktherapie aber auch Bereiche, in denen eine Orientierung an der momentanen Befindlichkeit und der Persönlichkeit des behandelten Menschen gegeben ist (Storz 2003, S. 46). Da geht es beispielsweise um die seelische Verarbeitung einer körperlichen Erkrankung, einer Trennung oder dem Tod eines nahestehenden Menschen, den Umgang mit schwierigen Lebensumständen. Dies macht häufig auch ein ressourcenorientiertes und stabilisierendes Vorgehen nötig. Die Notwendigkeit und Effizienz der Bereiche Prävention und Rehabilitation in diesem Zusammenhang tritt im Rahmen des Gesundheitssystems mehr und mehr ins Bewusstsein.

Natürlich muss jeweils die Bereitschaft, sich auf dieses Verfahren einzulassen, am individuellen Menschen geprüft werden. Und auch die Musiktherapeuten spezialisieren sich, ihren Neigungen oder den Gegebenheiten der Institution entsprechend, in der sie arbeiten. Wo immer sich ein Musiktherapeut auf einen klinischen Bereich einstellt, wird sich die Musiktherapie im Rahmen ihrer Mittel dieser Situation anpassen und entsprechend den jeweiligen Bedürfnissen der Patienten Kontakt aufnehmen, Beziehungen herstellen, Konflikte aufdecken und übend bearbeiten und Freude und Lust am Leben fördern helfen.

Letztgenannte Aspekte, von manchen Vertretern der konventionelle Psychotherapie gern ins seichte Fahrwasser des therapeutischen Entertainments abgeschoben, sind für so manchen Patienten momentan das einzig Heilsame. Einer wundgeriebenen Seele ausschließlich ein konfliktzentriertes Vorgehen anzubieten, kann auch quälend sein. Die Begegnung mit dem Reservoir von innerer Schönheit und schöpferischer Kraft dagegen kann sich auf die Persönlichkeit stärkend und stabilisierend auswirken, und oftmals ist der Mensch auf dieser Basis dann auch irgendwann zu einer Begegnung mit den dunklen Seiten seines Wesens bereit.

Es folgt ein Überblick über die verschiedenen Arbeitsbereiche, in denen Musiktherapie eingesetzt wird, der einige kurze Erläuterungen enthält und ansonsten auf die einschlägige Fachliteratur verweist:

Psychotherapie und Psychosomatik

Dieser Bereich umfasst die klassischen Indikationen für psychotherapeutische Maßnahmen: neurotische, Belastungs-, Persönlichkeits- und somatoforme Störungen. Musiktherapie eignet sich in diesem Zusammenhang speziell bei Menschen mit frühen Störungen aus der präverbalen Entwicklungsphase bzw. zur Therapie der präverbalen Anteile einer psychischen Erkrankung oder Störung (vgl. z. B.: Schmölz 1985, Loos 1986, 1996, Gathmann et al. 1990, Renz 1996, Schmidt 1999, Kächele et al. 2003). Musiktherapeuten arbeiten hier, wie in den meisten anderen Bereichen auch, im allgemeinen eingebunden in ein Team aus Ärzten, Psychologen, verschiedensten Therapeuten, Schwestern und Pflegern.

Psychiatrie

In psychiatrischen Kliniken finden sich heute Patienten mit einer großen Bandbreite von Erkrankungen und Störungen, zum Teil auch solchen, wie sie oben bereits genannt wurden. Dazu kommen die verschiedenen psychotischen Krankheitsbilder, vor allen Schizophrenie, schizotype und wahnhafte Störungen, affektive Störungen, sowie Demenz und Suchterkrankungen. Zunehmend werden gerontopsychiatrische Patienten behandelt. Den Musiktherapeuten erwarten Stationen mit unterschiedlichen therapeutischen Konzepten und flächendeckendes Arbeiten (Burghardt 1996, S. 304 ff., vgl. auch: Willms 1977, Strobel 1985, Baumgartner/ Mahns 1986, Strobel/ Huppmann 1991, de Backer 1996, Metzner 1999).

Kinder und Jugendliche

Dieser Bereich beginnt in der Neonathologie, der musiktherapeutischen Arbeit mit neugeborenen und frühgeborenen Kindern (Nöcker-Ribaupierre 2003) und setzt sich in der Arbeit mit sog. „Schreibabies“ (Lenz 2001) fort. Alle Formen von Entwicklungs-, Verhaltens- und emotionalen Störungen, alle Krankheitsbilder der Kinder- und Jugendpsychiatrie sind hier relevant. Die Therapie kann ambulant oder in kinder- und jugendpsychiatrischen Einrichtungen durchgeführt werden.

Es leuchtet ein, dass in der psychotherapeutischen Arbeit mit Kindern und Jugendlichen die Arbeit mit Medien eine besondere Rolle spielt, da spontanes unbewusste Ausdrucksverhalten, die Gestaltung von Konflikten und die Suche nach Lösungen hier im allgemeinen sehr aktiv betrieben werden kann (vgl. Füg 1991, Mahns 1997, Haffa-Schmidt, von Moreau/ Wölfl 1999, Büchele 2000, Aurora/ Seidel 2002).

Behinderte Menschen

Die Arbeit mit geistig, körperlich und mehrfach behinderten Menschen ist ein ursprüngliches musiktherapeutisches Betätigungsfeld, da man früh erkannte, dass diese sehr stark auf Musik ansprechen (Koffer-Ullrich 1971, Rett/ Wesetzky 1975). Gerade im Hinblick darauf, dass Musiktherapie an frühe Interaktion anknüpft, ist sie für die Arbeit in diesem Bereich besonders gut geeignet (Alvin 1988, Orff 1985, 1990, Schumacher 1994, 1999, Niedecken 2003).

Onkologie / Palliativ / Hospiz

In letzter Zeit ist das sog. Coping, das Angebot seelischer Begleitung bei schweren, lebensverändernden Krankheiten wie z. B. Krebs (Steidel-Röder 1993; Bossinger/ Griessmeier 1994, Verres 1999) und beim Sterbeprozess in ihrer Bedeutung für ein humanes Gesundheitssystem erkannt worden. Vor allem die Bücher der amerikanisch-schweizerischen Ärztin Elisabeth Kübler-Ross haben hier einen Bewusstseinswandel bewirkt, der das Recht auf einen würdigen Tod zu Hause oder in speziell dafür eingerichteten Häusern, sog. Hospizen, einklagt und zu realisieren sucht. Seit einigen Jahren arbeiten auch zunehmend Musiktherapeuten in diesem Bereich, da sich künstlerische Medien hier oft besser eignen als klassische verbale Psychotherapie (Munroe 1986, Dehm 1997, v. Hodenberg 1999).

Geriatrie

In einer überalternden Gesellschaft mit hoher medizinischer Kompetenz ist die Versorgung, Betreuung und Behandlung alter Menschen eine zentrale Zukunftsaufgabe. Ein Gesundheitssystem, dass Menschen vieles überleben und oft sehr alt werden lässt, hat die ethische Aufgabe, dafür einen würdigen Rahmen anzubieten. Musiktherapie ist auch in diesem Bereich geeignet, Momente von Lebendigkeit und Heiterkeit zu spenden, wo Ermüdung und Depressionen leicht das Leben quälend werden lassen (Bright 1984, Muthesius 1990, Aldridge 2000; vgl. auch das Themenheft der Musiktherapeutischen Umschau Bd. 18, Heft 2, 1997). Gerade die Erinnerung spielt hier eine wichtige Rolle, Musik und Lieder aus wichtigen Lebensphasen (Muthesius 2003), aber auch eine adäquate Aktivierung durch eigenes Musizieren und

Bewegung wird angeboten. Neben der psychiatrischen Geriatrie geschieht dies in speziellen Institutionen wie Altenheimen oder geriatrischen Rehabilitationskliniken.

Neurologische Rehabilation

In zunehmendem Maße wird Musiktherapie aufgrund ihrer speziellen nonverbalen Qualitäten, in der neurologischen Rehabilitation eingesetzt, z. B. bei Schädel-Hirn-Traumen und komatösen Patienten. Hier eröffnet sich seit einigen Jahren ein wichtiges neues Einsatzgebiet (Gadomski/ Jochims 1986, Jochims 1990, Gustorf/ Hannich 2000).

Innere Medizin

Auch dies ist ein eher neuerer Arbeitsbereich für die Musiktherapie. Ähnlich wie in der Onkologie geht es um die emotionale Verarbeitung körperlicher Erkrankungen. Dies soll den Heilungsprozess unterstützen, indem der Patient Kontakt zu seinen gesunden Anteilen (Ressourcen) findet und Blockaden gelöst werden, die dem im Wege stehen (Röhrborn 1992, Decker-Voigt/ Escher 1994, Aldridge 1999).

2. Diagnostik und Zielentwicklung

Diagnose und Differenzialdiagnose im psychischen Bereich des Menschen haben sich innerhalb der Medizin, insbesondere der Psychiatrie und Psychotherapeutischen Medizin entwickelt und sind hinreichend beschrieben (Weltgesundheitsorganisation 1993, Arbeitskreis OPD 1996). Diese Kriterien sind allgemeiner Art und versuchen, den einzelnen Menschen mit seinen Symptomen durch Zuordnung zu kategorisieren. Dies ist kommunikationstechnisch unumgänglich. Es muss eine gemeinsame Sprache aller Therapeuten geben, die mit psychisch kranken Menschen arbeiten, damit man sich allgemeinverständlich verständigen kann. Außerdem gibt es gesichertes Wissen über den Umgang mit Menschen, die an bestimmten psychischen Erkrankungen und Störungen leiden und entsprechende sinnvolle therapeutische Maßnahmen.

Was den individuellen Menschen anbetrifft, ist die Unzulänglichkeit einer Diagnose für den psychotherapeutischen Prozess evident. Hier ist jeder Einzelne ein Universum für sich, das zu erforschen ist, will man den Menschen wirklich ganz verstehen. Diese Exploration ist Teil des therapeutischen Prozesses und in mancherlei Hinsicht auch bereits Teil des Heilungsprozesses: denn da hört schon jemand aufmerksam zu. Dieses Zuhören ist ein Aspekt von Wahrnehmung – für die Musiktherapie sicher ein besonders wesentlicher – neben anderen: Sehen, Riechen, Spüren, bei körperorientierten Verfahren auch Berühren, alle Sinne und alles Gespür ist daran beteiligt.

Die musiktherapeutische Exploration vollzieht sich – entsprechend den beiden Grundordnungen von Vorgehensweisen – unter zwei Aspekten. Bei der rezeptiven Musiktherapie interessiert den Musiktherapeuten tendenziell mehr das Intrapsychische, also was ein spezielles musikalisches Angebot im Patienten ausgelöst hat. Bei der aktiven Musiktherapie wird das Interpsychische stark spürbar: in der Einzeltherapie durch die musikalische Inszenierung im Patient-Therapeut-Dialog, in der Gruppentherapie durch das komplexe Beziehungsgeschehen, welches dort in Gruppenimprovisationen stattfindet. Auch die bereits erwähnte musiktherapeutische Aufstellungsarbeit (Timmermann 2003) kann entscheidende Hinweise geben.

Hinsichtlich der allgemeinen Ziele therapeutischen Handelns sei hier nochmals auf die Definition der WHO hingewiesen, die Gesundheit als „Zustand des vollkommenen körperlichen, seelischen und sozialen Wohlbefindens und nicht nur das Freisein von Beschwerden und Krankheiten“ beschreibt und somit eine psychologische Gesundheitsförderung einbezieht, die Menschen in ihrer persönlichen Entfaltung von Lebenssinn unterstützt und die Auseinandersetzung mit Sinnfragen bezüglich Krankheit, Sterben und Tod einbezieht. Die therapeutische Ethik verlangt hierbei strenge Abstinenz von jedweder ideologischer Indoktrination. Das persönliche Wachstum eines Menschen muss sich unbedingt im Sinne einer Selbst-Verwirklichung des individuellen innersten Kerns abspielen (vgl. Kap. III 1).

Diagnostisch bedingte individuelle Ziele für die musiktherapeutische Arbeit sollten am Anfang der Therapie formuliert und immer wieder gemeinsam überprüft werden. Gleichzeitig ergeben sich durch die weitere Exploration immer wieder neue Ziele, indem der Patient spürt, was ihm fehlt, wonach er sich sehnt, was er erreichen möchte.

3. Einzel- und Gruppen-Musiktherapie

Ob ein Patient in die Einzel- oder Gruppen-Musiktherapie kommt, richtet sich idealerweise nach der Indikation, in der Praxis jedoch oft nach institutionellen Möglichkeiten oder auch konzeptionellen Gegebenheiten. Grundsätzlich gelten bei dieser Frage bezüglich der Musiktherapie die gleichen Gründe wie bei anderen Psychotherapieformen auch. Im Klinik-Setting ist es häufig so, dass bei mangelnder Gruppenfähigkeit zunächst eine Weile Einzeltherapie durchgeführt wird, möglichst mit dem Ziel, dass der Klient irgendwann in eine Gruppe übernommen werden kann.

Bei einem Blick auf die Übersicht über die musiktherapeutischen Vorgehensweisen auf S. 95, der nach Einzel- und Gruppenarbeit gegliedert ist, zeigt sich, dass in der *Einzelmusiktherapie* meist die gleichen Vorgehensweisen angewendet werden wie in der Gruppe, allerdings modifiziert auf das Einzel-Setting. Freie Improvisationen sind hier freie musikalische Dialoge, die instrumentalen Partnerspiele nach Schmölz, in denen sich ein komplexes Beziehungsgeschehen entfaltet (Schmölz 1988, Timmermann 1990, Gathmann/Schmölz 1991, S. 265).

Das Spielen für den Klienten, aber auch Themen oder Rollenspiele können sehr gut der individuellen Bedürfnislage angepasst werden. Grundsätzlich schafft die Einzeltherapie eine Situation, in der ein Mensch als Individuum ein hohes Maß an Beachtung und Aufmerksamkeit findet, sodass es viel Raum für die Introspektion gibt. Es entsteht auf diese Weise ein enger dyadischer Kontakt, in dem sich die verschiedenen Beziehungsaspekte im therapeutischen Geschehen inszenieren und bearbeitet werden können.

In der *Gruppentherapie* entsteht ein noch viel komplexeres Beziehungsgeschehen zwischen den einzelnen Teilnehmern und dem Leiter. Im Gruppenprozess geht es um Fragen wie: Welche Rolle übernimmt wer gegenüber wem? Welche Machtkämpfe spielen sich ab bzw. wer schützt sich wie dabei? Welche Subgruppen bilden sich? Was läuft zwischen den gleich- bzw. gegengeschlechtlichen Teilnehmern ab? usw. Aber auch die Gruppe selbst erscheint wie ein Phänomen an und für sich, wie ein autonomes Feld von – meist unbewusst – wirkenden Kräften.

Von der Gemeinschaft als Quelle der Heilung war vor allem Alfred Adler überzeugt, sodass er und seine Mitarbeiter bereits nach dem 1. Weltkrieg in Wien die Gruppentherapie einführten (Seidmann 1959, S. 109 f.). Moreno und Lewin prägten den Begriff der Gruppendynamik, begannen mit der Erforschung der sozialpsychologischen Gesetzmäßigkeiten und suchten nach Methoden, wie Gruppen helfenden Einfluss nehmen können. Zentrale Lernziele der Gruppenarbeit sind: Schärfung der Wahrnehmung, Wissen um die Diskrepanzen zwischen Selbst- und Fremdeinschätzung, Abbau von Vorurteilen, Entwicklung in Richtung Eigenverantwortung sowie Kooperations- und Teamfähigkeit (Mayr 1996, S. 117 f.).

Gruppenmusiktherapie ist – je nach den Vorgaben und Angeboten – ein mehr oder weniger strukturiertes soziales Experimentier- und Lernfeld, in dem, aufgrund des Zeitcharakters der Musik, das prozesshafte Geschehen besondere Beachtung findet und sich das „Hier und Jetzt" und das „Dort und Damals" begegnen können. Die aktive Gruppenmusiktherapie bietet einen elementaren, musikalisch-ästhetischen, nicht wertenden, experimentierend-improvisatorischen Umgang mit dem musikalischen Material (Gathmann/ Schmölz 1991, S. 265). Ihre besondere Qualität ist, dass das gemeinsame Musizieren – im Unterschied zur Sprache – eine sinnvolle Gleichzeitigkeit von Primärkommunikation und, in der Dimension der Zeit, Wandlung ermöglicht. Neben die interaktive Dichte tritt das Gemeinschaftserleben aufgrund des miteinander gestalteten musikalischen Produktes (Fak 2000, S. 113 ff.). Der Prozess der Gruppenbildung vollzieht sich auf diese Weise im allgemeinen relativ rasch. Der Musiktherapeut als Gruppenleiter wirkt auf den Gruppenprozess ein, indem er durch die offenen oder fokussierenden Angebote eine Richtung weist, durch seine Interventionen, in denen er psychotherapeutische Techniken musikalisch umsetzt (s. o.) wie beispielsweise Stützen, Provozieren und schließlich die Art und der Weise der – wenn möglich – verbalen Aufarbeitung des Geschehens, welches dann zu weiteren Angeboten führt, die die auftauchenden Themen weiterhin musiktherapeutisch bearbeiten. Er tritt also in die Dynamik der Gruppe ein und behält gleichzeitig den Überblick (Münzberg 2000, S. 59).

Gruppentherapie bietet mehr Raum für interpersonelle Konfliktbearbeitung, für viele Rückmeldungen durch andere Gruppenmitglieder, die sehr verschieden, differenziert und facettenreich sein können. Dadurch können für den Einzelnen Aspekte seiner Persönlichkeit in den Blick kommen, die vorher im Dunkeln lagen und sich nur in unbewusst inszenierten negativen Beziehungserfahrungen manifestierten. Das entlastet in gewisser Weise den Therapeuten, bedeutet aber gleichzeitig, dass er den Patienten auch schützen muss, z. B. vor entwertenden, die Wirklichkeit verzerrenden Äußerungen, gutgemeinten Ratschlägen usw. Profitieren vom Gruppensetting können vor allem Klienten, die im dyadischen Kontakt zu regressiver Verschmelzung neigen und Patienten mit Persönlichkeitsstörungen, die Wahrnehmungen von Gruppenmitglieder besser ertragen als die des Therapeuten (Wöller/ Kruse 2002, S. 323).

In der Gruppentherapie gibt es zwei sich ergänzende Ansätze:

- Man arbeitet mit der Dynamik der Gruppe als Ganzes und deren Wirkungen auf die jeweiligen einzelnen Teilnehmer.
- Man arbeitet mit einzelnen Teilnehmern unter Einbeziehung eines oder mehrerer anderer Teilnehmer bzw. der Gruppe als Ganzes.

In den freien oder themenorientierten Gruppenimprovisationen der aktiven Musiktherapie entfaltet sich das vielfältige Beziehungsgeschehen, in das die einzelnen Mitspieler in verschiedenster Weise involviert sind. Gleichzeitig wird die Gruppe als ein größeres Ganzes erlebt, das oftmals den Charakter einer guten oder bedrohlichen Mutter annimmt. Dies Thema kann dadurch gut bearbeitet werden.

Die musiktherapeutische Gruppe kann vieles sein: wahrnehmendes Organ und Spiegel (in Wort und Klang), bergender (Klang-) Schoß, summende und wiegende Mutter, Resonanzboden, Interaktions- und Austauschforum uvm. Das Verstehen im gemeinsam gestalteten und erlebten Klangbild ereignet sich primär auf der arationalen, intuitiven Ebene, wird im allgemeinen aber anschließend besprochen. Dabei ist Aufgabe des Therapeuten, die multiplen Erlebensweisen nicht überflutende Verwirrung stiften zu lassen, sondern auf das für den jeweils Einzelnen Wesentliche zu fokussieren.

VI. Der musiktherapeutische Weg zur Psychotherapie

1. Musiktherapeutische Schulung

Um das Ergebnis gleich vorwegzunehmen: musiktherapeutische Schulung ist für Musiktherapeuten unumgänglich, für Psychotherapeuten im allgemeinen ist sie empfehlenswert. Warum?

Weil die Schulung des Hörens, des Zuhörens, des nonverbal Resonanzgebens kaum besser geübt und gelernt werden kann als über Erfahrungsprozesse mit rezeptiven und aktiven musiktherapeutischen Vorgehensweisen: Stille im Lauschen zulassen, das „Gras wachsen“ hören, auf feinste Geräusche lauschen, Resonanz geben, sich auf Minimales und Maximales einschwingen, Symbiose und Individuation sich spielerisch abwechseln lassen, die verschiedenen psychotherapeutischen Techniken nicht-intellektuell erproben... – ein breites Repertoire für unmittelbares Erleben.

Die folgenden Gedanken reflektieren die spezifisch musiktherapeutische Schulung, den Ausbildungsprozess des Musiktherapeuten als Weg zur Ausübung von Psychotherapie. Dabei soll deutlich werden, dass zur verantwortungsvollen und kundigen Anwendung der Musiktherapie als tiefenpsychologische Psychotherapie kein anderes Verfahren vorher, gleichzeitig oder nachher für diese therapeutische Arbeit zwingend notwendig ist, wenn die Musiktherapie-Ausbildung die Bedingungen einer psychotherapeutischen Ausbildung in ausreichendem Maße curricular erfüllt.

Zu den *Voraussetzungen* für eine speziell musiktherapeutische Ausbildung gehört eine Identität als Musiker. Diese muss nicht unbedingt klassisch sein, aber auf ausreichenden Kenntnissen der europäischen Musiktradition in Theorie und Praxis basieren und durch eigene Stilvorlieben ergänzt werden. Eine Grundveranlagung zum Zusammenspiel und zur Improvisation, ein Potential freier persönlicher Ausdrucksmöglichkeiten sind dabei unumgänglich. Überhaupt ist die soziale Komponente des Musizierens als Spiegel der Kommunikationsfähigkeit wesentlich zu berücksichtigen.

Bei berufsbegleitenden Ausbildungen sind ein geeigneter, möglichst menschennaher Vorberuf, die Prüfung der eigenen Motivation durch klinische Praktika sowie die Erfahrung eines eigenen (musik-) therapeutischen Prozesses wünschenswert. Die Kandidatinnen und Kandidaten sollten psychisch und physisch belastbar sein, die Fähigkeit zu Selbstreflexion, Rollenflexibilität, Frustrationstoleranz, Empathie, angemessener Selbstdarstellung und die Fähigkeit zum Umgang mit Aggressivität und Nähe-Distanz-Regulierung mitbringen. Sie sollten motiviert sein zur Arbeit an sich selbst und über ein spürbares Entwicklungspotential verfügen. (SAMT 1999)

Die Motivation dafür, eigene Fähigkeiten in den Dienst einer therapeutischen Aufgabe zu stellen, ist wesentliche Voraussetzung für diesen Beruf.

In der *Praxis* bedeutet dies ein gutes Spiel auf dem zentralen Instrument und befriedigende Kenntnisse mindestens eines zweiten Instrumentes. Eines davon sollte ein Harmonieinstrument sein, nach Möglichkeit Klavier oder ein vergleichbares Tasteninstrument, auf dem die musikalischen Ebenen Bass, Harmonie und Melodie in ihrem Zusammenwirken erkannt, gespürt und umgesetzt werden können. Gute rhythmische Ansätze sind wegen der Bedeutung des Rhythmus in der Therapie wichtig. Diese sollten dann durch speziellen Unterricht im Laufe der Ausbildung weiterentwickelt und vertieft werden.

Auf dieser Basis kann man dann die sensiblen Lernprozesse hinsichtlich musikalischer Erlebnis- und Ausdrucksfähigkeit initiieren: das Spielen für jemanden und das sich Bespielen lassen, das musikalische Halten, Wiegen, Stützen, Konfrontieren, Verdeutlichen usw. Die spezifische musikalische Schulung bezieht sich vor allem auf künstlerisch-therapeutische Improvisationspraxis, sowohl in musikalisch strukturierter als auch in freier Form. Ziel ist ein multi-instrumentales musikalisches Ausdrucksvermögen.

Der Schwerpunkt für die aktive Musiktherapie liegt dabei naturgemäß auf dem Zusammenspiel, der Fähigkeit, musikalisch Kontakt zu anderen Menschen herzustellen und sie musikalisch zu begleiten, zu halten oder zu konfrontieren. Bei der rezeptiven Musiktherapie, insbesondere wenn der Therapeut selbst für den Patienten spielt, ist eine musikalische Ausdrucksfähigkeit gefragt, die nicht auf Anerkennung zielt, sondern sich in den Dienst der Förderung des Klienten stellt. Dies muss geübt werden, nicht nur als Technik, sondern auch als eine sich in der Musik vermittelnde Haltung von Empathie und persönlichem Engagement.

Eine fundierte musikalische Weiterbildung für Therapeuten beginnt bei einer grundlegenden Schulung der natürlichen Musikalität über das Spüren des in Körper und Atem angelegten Rhythmusgefühls, das sich in Bewegung und Tanz, aber auch im elementaren Tönen mit der Stimme äußert. Ergänzt wird dies durch Angebote wie Liedersingen und -begleiten, Literaturspiel, evt. Tanzformen und Kompositionen, Einsatz technischer Medien zur Musikwiedergabe und Einrichten einer Diskothek. All dies wird reflektiert und im Hinblick auf den jeweiligen klinisch-therapeutischen Rahmen geübt.

Die praktischen Teile der musikalischen Ausbildung werden begleitet vom Theorieunterricht, wobei Grundkenntnisse vorausgesetzt werden. Eine erweiterte Musikinstrumentenkunde, die auch andere Musikkulturen der Welt einbezieht, ist für die Praxis unentbehrlich, da das moderne musiktherapeutische Instrumentarium längst ein multikulturelles ist. Die Symbolik der Instrumente auf der akustischen, visuellen und haptischen Ebene ist ebenso relevant. Auch musikanthropologische und musikethnologische Fragen, z. B. wie Musik entstand, warum Menschen überhaupt Musik machen, welche Aufgaben sie im Leben, speziell in den Heilungsritualen der Völker spielt und ähnliche Fragen sollten reflektiert werden. Die Geschichte der Musiktherapie von diesen Anfängen bis in die psychotherapeutische Gegenwart kann darauf aufbauen. Musiktherapeutische Theorie als Fach beinhaltet theoretisch-methodische Ansätze der Musiktherapie allgemein und deren Anwendung in verschiedenen Praxisfeldern.

Immer wieder wurde auf die Bedeutung der Selbsterfahrung bzw. Lehrtherapie (Einzel und Gruppe) hingewiesen. Sie ist zentrales Element in jeder Ausbildung. In der musiktherapeutischen Selbsterfahrung geht es um das Erleben der spezifischen Vorgehensweisen und ihrer Wirkungen im Rahmen des eigenen Prozesses. Dabei sind elementare Erfahrungen mit Körper und Atem, Stimme und Körperinstrument grundlegend und immer wieder einstimmend und/oder ergänzend.
Musikalische Schulung, musiktherapeutische Selbsterfahrung und musiktherapeutische Theorie sind die Fächer, die das spezifisch Musiktherapeutische einer Ausbildung darstellen und auf die musiktherapeutische Praxis vorbereiten.

Das musiktherapeutische Wissen muss eingebettet sein in das moderne Gesundheitssystem, in medizinisches, psychologisches und psychotherapeutisches Wissen, das in Praktika mit Supervision erprobt und eingeübt wird. Medizinische Grundlagen, allgemein und speziell für die klinischen Bereiche, in denen Musiktherapeuten arbeiten, sind die Basis sowohl der eigenen Fachkompetenz gegenüber dem Patienten als auch der Fähigkeit, sich in einem Team mit Ärzten, Psychotherapeuten, Psychologen, Schwestern und Pflegern sowie anderen Kollegen aus therapeutischen Berufen über die Patienten verständigen zu können. Da Musiktherapie als Psychotherapie zu verstehen ist, sind die dafür relevanten Grundlagen in allgemeiner Psychologie, Entwicklungspsychologie und die Kenntnis verschiedener psychotherapeutischer Schulen wichtig, ebenso die relevanten rechtlichen, ethischen und institutionellen Fragen. Auch die Fähigkeit zur verbalen Aufarbeitung musiktherapeutischen Geschehens gehört in diesen Bereich.

Zu einer akademischen musiktherapeutischen Ausbildung gehören ferner Kenntnisse (Forschungsstand) und Fähigkeiten (Forschungsdesigns) im Bereich des wissenschaftlichen Arbeitens. Dies ermöglicht die Durchführung von eigenen Forschungsprojekten in Zusammenarbeit mit hierfür ausgerüsteten Institutionen wie Universitäten, entsprechenden klinischen Institutionen und anderen, bereits musiktherapeutisch forschenden Einrichtungen.

Zur praktischen Tätigkeit der Studenten gehören die *klinischen Praktika und Supervisionen*. Supervidierte praktische musiktherapeutische Arbeit einschließlich Dokumentation und Repräsentation schult die Anwendung des Gelernten vor Ort und seine kritische Reflexion – Basis eines lebenslangen Lernprozesses. Die Studenten sollten in mindestens zwei unterschiedlichen klinischen Bereichen Erfahrungen sammeln und dokumentieren. Die Dokumentation ist das Material für die wissenschaftliche Aufarbeitung und Auswertung. Supervision kann einzeln und in der Gruppe stattfinden und dient der Psychohygiene, der Selbstwahrnehmung in der Therapeutenrolle, der Entwicklung von musiktherapeutischen Handlungskompetenzen, der Vertiefung des klinischen Fachwissens, der Hilfestellung im professionellen Feld sowie der Qualitätssicherung und Kontrolle therapeutischer Prozesse. Zu den supervisorischen Techniken gehören: präzise Beschreibung, Arbeit mit Resonanzen (z. B. Gegenübertragung), Rollenspiel, Video, Feedback durch die Gruppe. Dies sollte auch mit musiktherapeutischen Methoden geschehen.

Die Fülle des zu bewältigenden multidisziplinären Stoffes erfordert eine klare Strukturierung und die Beschränkung auf das für die Praxis Sinnvolle. Dazu bedarf es einer permanenten kritischen Reflexion im Dozententeam und einer stets präsenten beratenden Begleitung der Studenten. Das spätere Arbeitsfeld bestimmt dann im allgemeinen, welches spezifische Fachwissen auf der Basis der in der Ausbildung vermittelten Grundlagen weiter vertieft werden muss.

Über die Wissensvermittlung hinaus ist wesentliches Merkmal einer musiktherapeutischen Ausbildung die Schulung der Intuition – und hier komme ich noch einmal zu dem am Beginn dieses Kapitel Gesagten zurück: hier trifft sich die Musiktherapie mit anderen Therapieformen. Für die Zukunft finde ich es ernstlich erwägenswert, im Curriculum einer Basisausbildung zum Psychotherapeuten verbale und nonverbale Module zu integrieren. Eine polyästhetisch orientierte Selbsterfahrung, die möglichst alle Sinne einbezieht, erlaubt, diese Sinnenhaftigkeit auch in die Beziehung zum Klienten einzubringen und die Verständnis- und Resonanzfähigkeit zu vertiefen.

2. Musiktherapie und Forschung

Eine Vision aus dem Jahre 2058 beginnt mit folgender Schilderung: Es gibt musiktherapeutische Fachkliniken, geleitet von hochqualifizierten musiktherapeutischen Fachkräften, die über ein vielfältiges Methodenspektrum, detaillierte musiktherapeutisch-diagnostische Möglichkeiten und „maßgeschneiderte" Behandlungsstrategien verfügen. Musiktherapie ist in der Approbationsordnung verankert und neben anderen psychotherapeutischen Verfahren akzeptiert (Kächele et al. 2003, S. 155 ff.). Eine schöne Vision, aber wie kommen wir dahin?

Wenn die Musiktherapie einen Platz als psychotherapeutische Disziplin im modernen Gesundheitssystem einnehmen will, muss sie sich zeigen durch Dokumentation und sich begründen durch theoretische Klarheit und den Nachweis ihrer Wirksamkeit in einem kontrollierten Design (Kächele 2003).

Mithin bedarf sie der Legitimation und Qualitätssicherung durch wissenschaftliche Forschung. Darauf haben die Klienten und die anderen professionellen Disziplinen ein Recht, zumal der finanzielle Spielraum immer enger wird. Die Studenten akademischer künstlerischer Therapieverfahren müssen im Rahmen ihrer Ausbildung über Forschungsansätze informiert werden, über wissenschaftlichen Begründungen für ihr therapeutisches Vorgehen nachdenken und lernen, wie sie selbst Forschung betreiben können.

Musiktherapeutische Forschung sollte sowohl Grundlagen- als auch Anwendungsforschung einbeziehen. Im Jahre 2003 beschäftigten sich die Zeitschriften „Bild der Wissenschaft" (8/2003, S. 24–41), „Der Spiegel" (31/2003, S. 130–144) und „Geo" (11/2003, S. 54–88) in ihren Titelgeschichten mit dem Thema, wie Musik auf das menschliche Gehirn wirkt und wie dies therapeutisch nutzbar gemacht werden kann. Es besteht also durchaus ein öffentliches Interesse an unserem Metier, das genutzt werden sollte.

Unter den musiktherapeutischen Kollegen gibt es auch mittlerweile Konsens darüber, dass geforscht werden muss – allerdings im Detail unterschiedliche Ansichten. So meint Petersen, dass Wirksamkeitsnachweise von Therapiemethoden eher ein bevorzugtes Mittel im Kampf um die Geldverteilung sind, denn der Wahrheitsfindung zu dienen (Petersen 2003, S. 16). Heutige klassische Forschung mit ihren Paradigmen ziele auf Beherrschung der Phänomene ab, während es bei kunsttherapeutischer Forschung primär um das Verstehen der prozessimmanenten Wandlung gehe und nur in und durch eine Therapie stattfinden kann (ebenda S. 24). Er resümiert (ebenda S. 450 f.), dass Forschungsmethoden in den künstlerischen Therapien in großer Vielfalt in Ansätzen vorliegen. Sie könnten als Psychotherapiemethoden betrachtet werden. Die damit zugewiesene Nähe zu Psychologie und Medizin würde ihnen aber allein nicht gerecht. Die Disziplinen Kunst, Kunstgeschichte und Ästhetik müssten ergänzend hinzukommen (ebenda S. 373). Der Unterschied liege in den Erkenntnismitteln, die sich bei künstlerischen Therapien wesentlich aus den Künsten, also aus einer Anthropologie der Ästhetik herleiten. Er empfiehlt die Beschränkung auf Grundlagen- und Prozessforschung, da für quantitative Wirksamkeitsstudien die Mittel fehlen. Stattdessen regt er die Bildung einer breiten Lobby der interessierten Patientenschaft an, um Medien und politische Entscheidungsträger gezielt zu informieren.

Andere Forscher sind der Meinung, dass auch Wirksamkeitsnachweise und andere Formen konventioneller Forschung für künstlerische Therapien einzubeziehen sind. So fordert Kächele in einem Gespräch mit Scheytt-Hölzer (1996) aus ethischen Gründen auch eine kritische außerkünstlerische Reflexion des Produkts und für jede Form von Psychotherapie, sofern diese aus öffentlichen Mitteln bezahlt werden soll, einen Beleg für ihre Effektivität. Im Zusammenwirken von Ulmer, Stuttgarter und Heidelberger Forschern gibt es mittlerweile dafür bereits gute Ansätze (vgl. Kächele 2003).

Ich plädiere für einen integrativen Standpunkt, der es erlaubt, sowohl bewährte qualitative und quantitative Forschungsmethoden in modifizierter Form anzuwenden als auch neue spezifische Methoden daraufhin zu entwikkeln, dass sie die inhaltliche Arbeit voranbringen. Aus meiner eigenen Forschungserfahrung weiß ich allerdings, dass dies ein hoher Anspruch ist, der viel Zeit, Erfahrung, Mühe und professioneller Hilfe bedarf, wenn es in adäquater Weise gelingen soll. Außerdem frage ich mich seit einiger Zeit, ob es die Musiktherapieforschung wirklich voran bringt, wenn mit großer Kreativität immer neue Messinstrumente entwickelt werden, mit denen dann niemand mehr misst, während ein wenig mehr gesichertes Zahlenmaterial durch wiederholte Messungen nicht schaden könnte.

Für die musiktherapeutische Ausbildungspraxis sollte weiterhin nach Möglichkeiten und Wegen gesucht werden, Forschung und ihre Ergebnisse in die Schulung einzubeziehen. Die Haltung des neugierigen Forschens ist unabdingbar für die Therapeutenhaltung, die, immer wieder mit neuen Menschen und menschlichen Situationen beschäftigt, auch ständig nach neuen Wegen sucht, mit diesen Begegnungen hilfreich umzugehen.

VII. Ausklang und Ausblick: Spiel-Raum für die Heilung

Das vorliegende Buch wollte einen Überblick bieten über die inzwischen vorhandenen Bausteine für eine Lehre von der tiefenpsychologisch orientierten Musiktherapie. Man kann davon ausgehen, dass die Musiktherapie sich nicht aus der Psychotherapie entwickelt hat, sondern aus musikästhetischen und musikpädagogischen Ansätzen, speziell den kulturtherapeutischen Impulsen der Reformbewegungen. Diese wurden von Ärzten und Psychotherapeuten in ihrer therapeutischen Kompetenz erkannt und gefördert. Die traditionelle Rolle der Musik für den Menschen, nämlich Mittel zur psychosozialen Hygiene und Element im Rahmen von Heilungszeremonien zu sein, wurde auf diese Weise wiederentdeckt und für die Bedürfnisse der heutigen Zeit modifiziert weiterentwickelt.

Die Entdeckungen der medizinischen und psychologischen Wissenschaften für die Musiktherapie wurden in ihrer spezifischen Relevanz dargestellt:

- die präverbale Interaktion als lautmalerischer Dialog;
- die Bedeutung von Musik für Sozialisation und Biographie;
- die Beziehungsaspekte, die im Rahmen eines musiktherapeutischen Prozesses aktualisiert werden können;
- die Verdichtung unbewusster repetitiver Erlebens- und Verhaltensmuster in der musikalisch freien Improvisation, die gleichzeitig ein tiefenpsychologisches Übungsfeld darstellt;
- die rezeptiven und aktiven musiktherapeutischen Vorgehensweisen, die ganze Bandbreite psychotherapeutischer Techniken umfassen;
- die Anwendung all dessen in der klinischen Praxis.

Die Konsequenzen liegen auf der Hand. Musiktherapeuten müssen diese Arbeit möglichst sorgfältig dokumentieren, beforschen bzw. beforschen lassen und so, im Einklang mit den für das Gesundheitssystem relevanten Wissenschaften, ständig weiterentwickeln. Die Lehre ist in diesen Prozess einzubinden, um Musiktherapie als akademische und wissenschaftliche Disziplin und als spezifische Behandlungsmöglichkeit zu konsolidieren.

Wachstum, Entwicklung, Prozess kann stattfinden, weil das Sein „Spiel“ hat. Gute Bedingungen für Heilungsprozesse sind solche, die Spielraum lassen für die Inszenierungen des Unbewussten, für die sich wiederholenden Muster, für die Entfaltung von Lösungsstrategien, für experimentelles Erleben, Handeln und Wandeln auf dem Weg zur Selbstwerdung. Diesen Spielraum ermöglicht eine therapeutische Haltung und Beziehung, in der nichts Bestimmtes erwartet wird und geleistet werden muss. So, wie es für den neugeborenen Menschen ideal ist, wenn er so willkommen geheißen wird, wie er ist, so darf der Klient in der therapeutischen Situation sich so finden und verwirklichen, wie es ihm entspricht.

Der Therapeut ist nicht „Macher“ sondern „Mittler“ oder „Katalysator“ der Heilung. Sie ist das Dritte, das sich in einer Therapie entwickelt aus der Begegnung zwischen Klient und Therapeut, nicht vorhersehbar (lat. „improvisus“), immer ein Geschenk des Augenblicks (Petersen 1987, S. 193). Wir können einen guten Boden bereiten, das Wachstum selbst ist nicht machbar und nicht zu erzwingen. Hier sind auch die Grenzen therapeutischer Techniken. Wir können Impulse geben und Entwicklungsprozesse aufmerksam begleiten. Der Rest ist zu groß und zu geheimnisvoll, als dass er sich in eine Strategie einfangen ließe. Auch das ist zu beachten und zu achten.

Der therapeutische Raum ist wie ein Gewächshaus, das zarten Pflänzchen Wachstum ermöglicht, die in der Rauheit der Natur eingehen würden. Eine Weile dürfen sie sich geschützt vor Sturm und Regengüssen in Licht und Wärme entfalten, bis sie stark genug sind, um draußen eingepflanzt zu werden. Diese Weile dürfen wir begleiten, mehr nicht.

Das griechische Wort „therapeun“ hat mehrere Bedeutungen: „dienen, jemanden mit großer Aufmerksamkeit behandeln, Verehrung der Götter, Heilung“ (Gemoll 1965). Der Musiktherapeut stellt sich mit seiner Musik, seiner Beziehungsfähigkeit, seinem Repertoire an Handlungsmodellen, mit seinem Wissen und seiner Erfahrung in den Dienst des Klienten. Er achtet das Größere, in das dieses Tun eingebettet ist und freut sich an den heilenden Wirkungen, die von dem Ganzen ausgehen und zu etwas Ganzerem, Heilerem führen. Diese Haltung scheint mir dem nahe zu kommen, was Malebranche meint mit seinem Satz, den ich diesem Buch voranstellte: „Aufmerksamkeit ist das natürliche Gebet der Seele.“

VIII. Literatur

Abs, B. (1989): Agieren und mitagieren in der musiktherapeutischen Behandlung. Musiktherapeutische Umschau 10: 33–49

Aldridge, D. (1999): Musiktherapie in der Medizin. Forschungsstrategien und praktische Erfahrungen. Huber, Bern

Aldridge, D. (2000): Music therapy in dementia care: more new voices. Jessica Kingsley Publishers, London

Alvin, J. (1988): Musik und Musiktherapie für behinderte und autistische Kinder. Bärenreiter, Kassel

Ancelin Schützberger, A. (2003): Oh, meine Ahnen. Wie das leben der Vorfahren in uns wiederkehrt. Carl-Auer-Systeme, Heidelberg

Aurora, E./ Seidel, A. (2002): Zwischen Alltag und Schonraum – ambulante Musiktherapie mit Jugendlichen. Musiktherapeutische Umschau 23: 342–345

Arbeitskreis OPD (Hg.) (1996): Operationalisierte Psychodynamische Diagnostik. Huber, Göttingen

Baumgartner, H./ Mahns, B. (1986): Gruppenmusiktherapie – Fallbericht über eine musiktherapeutische Gruppe in einer psychiatrischen Abteilung. Musiktherapeutische Umschau 7: 51–67

Blacking, J. (1973): How musical is man? Faber and Faber, London

Bossinger, W./ Griessmeier, B. (1994): Musiktherapie mit krebskranken Kindern. Bärenreiter, Kassel

Boszormenyi-Nagy, I./ Spark, G. M. (1996): Unsichtbare Bindungen. Die Dynamik familiärer Systeme. Klett-Cotta, Stuttgart

Bresgen, C. (1973): Die Improvisation. Heinrichshofen, Wilhelmshaven

Bright, R. (1984): Musiktherapie in der Altenhilfe. Gustav Fischer, Stuttgart

Bruhn, H. (1998): Psychophysiologie der Wirkung von Musik. In: Bruhn, H./ Rösing, H. (Hg.): Musikwissenschaft. Ein Grundkurs. Rowohlt, Reinbek, S. 168–190

Bruhn, H. (2002): Musikinstrumente in der Musiktherapie. In: Musikpsychologie. Ein Handbuch. Rowohlt, Reinbek, S. 424–430

Bruhn, H./ Oerter, R. (2002): Die ersten Lebensmonate. In: Musikpsychologie. Ein Handbuch. Rowohlt, Reinbek, S. 276–282

Büchele, R. (2000): Ein Jahr mit Anna – Musiktherapie mit einer schwer depressiven jugendlichen Patientin. Musiktherapeutische Umschau 21: 141–148

Burghardt, M. (1996): Psychiatrie. In. Decker-Voigt, H.-H. et al. (Hg.): Lexikon Musiktherapie. Hogrefe, Göttingen, S. 304 ff.

Buytendijk, F. J. J. (1973): Das menschliche Spielen. In: Gadamer, H.-G./ Vogler, P.: Neue Anthropologie. Bd. 4: Kulturanthropologie. dtv, München, S. 88–122

Capra, F. (1995) in: Gottwald, F.-T./ Klepsch, A. (Hg.): Tiefenökologie. Wie wir in Zukunft leben wollen. Diederichs, München

Czogalik, D. (1988): Was wirkt in der Psychotherapie? In: Ehlers et al. (Hg.): Bio-psycho-soziale Grundlagen für die Medizin. Springer, Berlin, Heidelberg

De Backer, J. (1996): Regresssion in Music Therapy with Psychotic Patients. Nordic Journal of Music Therapy, Bd. 5/1

De Backer, J./ Van Kamp, J. (2001): Spezifische Aspekte in der musiktherapeutischen Beziehung. In: Storz, D./ Oberegelsbacher, D. (Hg.): Wiener Beiträge zur Musiktherapie Bd. 3. Edition Präsens, Wien, S. 5–20

Decker-Voigt, H.-H. (1991): Aus der Seele gespielt. Eine Einführung in die Musiktherapie. Goldmann, München

Decker-Voigt, H.-H./ Escher, J. (1994): Neue Klänge in der Medizin. Trialog, Bremen

Decker-Voigt, H.-H. (Hg., 2001): Die Schulen der Musiktherapie. Ernst Reinhard, München, Basel

Dell, C. (2002): Prinzip Improvisation. Verlag der Buchhandlungen, Köln

Dehm, B. (1997): Übergänge. Tod und Sterben in der Musiktherapie mit Dementen. Musiktherapeutische Umschau 18: 103–113

Dornes, M. (1993): Der kompetente Säugling, Fischer, Frankfurt a. M.

Eggebrecht, R. (1985): Sprachmelodische und musikalische Forschungen im Kulturvergleich. Dissertation am Max-Plack-Institut für Verhaltensphysiologie, München

Ellenberger, H. F. (1973): Die Entdeckung des Unbewussten. Hans Huber, Bern, Stuttgart, Wien

Engert-Timmermann, G. (1992): Musik und Atem. Diplom-Arbeit (AFA)

Engert-Timmermann, G./ Timmermann, T. (2001): Körper – Atem – Musik. Eine ganzheitliche Methode in der nonverbalen Psychotherapie. In: Storz, D./ Oberegelsbacher, D.: Wiener Beiträge zur Musiktherapie Bd. 3. Edition Präsens, Wien, S. 113–125

Fak, H./ Lambauer, O. (1995): Tönen und Dröhnen. Überlegungen zum elementaren Einsatz von Instrumenten in der Musiktherapie. Zeitschrift des Österreichischen Berufsverbandes der Musiktherapeuten (ÖBM) 1: 13–22

Fak, H. (1999): Zur Dynamik von Gruppen in der Musiktherapie. In: Nöcker-Ribaupierre, M./ Münzberg, C. (Hg.): Innere Bewegung – äußere Bewegung. In der Dynamik der Gruppe. Schriften aus dem Institut für Musiktherapie am Freien Musikzentrum e.V. München, Beiträge zur Musiktherapie Bd. 3, S. 110–132

Fassbender, C. (2002): Hören vor der Geburt. In: Musikpsychologie. Ein Handbuch. Rowohlt, Reinbek, S. 268–275

Fischer, C. B./ Als, H. (2003): Was willst Du mir sagen? Individuelle beziehungsgeführte Pflege auf der Neugeborenenintensivstation zu Förderung der Entwicklung frühgeborener Kinder. In: Nöcker-Ribaupierre, M. (Hg., 2003): Hören – Brücke ins Leben. Musiktherapie mit früh- und neugeborenen Kindern. Vandenhoeck & Ruprecht, Göttingen, S. 17–43

Fitzthum, E. (1997): Einzel-Lehrmusiktherapie im institutionellen Rahmen. In: Wiener Beiträge zur Musiktherapie Bd. 1. Edition Präsens, Wien, S. 193–216

Fitzthum, E. (2001): Improvisationsunterricht am Beispiel des Kurzstudiums der Musiktherapie an der Universität in Wien. Einblicke 12: 34–43

Fitzthum, E. (2003): Von den Reformbewegungen zur Musiktherapie. Die Brükkenfunktion der Vally Weigel. Wiener Beiträge zur Musiktherapie Bd. 5. Edition Präsens, Wien

Frohne-Hagemann, I. (Hg., 1990): Musik und Gestalt. Klinische Musiktherapie als integrative Psychotherapie. Junfermann, Paderborn

Frohne-Hagemann, I. (2000): Das musikalische Lebenspanorama (MLP). Einblicke 10: 59–73

Frohne-Hagemann, I. (2004): Theorie und Praxis der Rezeptiven Musiktherapie. Reichert, Wiesbaden

Füg, R. (1991): Indikation zur Musiktherapie in einer Kinder- und Jugendpsychiatrie. Musiktherapeutische Umschau 12: 198–205

Fuchs, P. (2003): Zeige deine Wunden. die tageszeitung, 15.1.2003

Gadomski, M./ Jochims, S. (1986): Musiktherapie bei schweren Schädel-Hirn-Traumen. Musiktherapeutische Umschau 7: 103–109

Gathmann, P./ Schmölz, A. (1991): Musiktherapie. In: Stumm, G./ Wirth, B. (Hg.): Psychotherapie. Schulen und Methoden. Falter, Wien

Gathmann, P./ Schmölz, A./ de Backer, J. (1999): Musiktherapie des Asthma bronchiale. In: Frohne-Hagemann, I. (Hrsg): Musik und Gestalt. Klinische Musiktherapie als integrative Psychotherapie. Junfermann Verlag Paderborn, S. 269–297

Gebser, J. (1975): Gesamtausgabe, Band 1, Novalis, Schaffhausen

Gebhardt, G. (2002): Weltethos – Eine Brücke zwischen den Kulturen. Eröffnungsvortrag zum Festival Musica Sacra International am 16.5.2002 in der Bayerischen Musikakademie Marktoberdorf.

Gembris, H. (1996): Rezeptionsforschung. In: Decker-Voigt, H.-H. (Hg.): Lexikon Musiktherapie. Hogrefe, Göttingen, S. 321 ff.

Gemoll, W. (1965): Griechisch-deutsches Schul- und Handwörterbuch. München

Gindl, B. (2001): Anklang finden – Emotionale Resonanz als Grundprinzip. In: Storz, D./ Oberegelsbacher, D. (Hg.): Wiener Beiträge zur Musiktherapie Bd. 3. Edition Präsens, Wien, S. 39–50

Grawe, K./ Donati, R./ Bernauer, E. (1994): Psychotherapie im Wandel. Von der Konfession zur Profession. Hogrefe, Göttingen

Gustorff, D./ Hannich, H. J. (2000): Jenseits des Wortes. Musiktherapie mit komatösen Patienten auf der Intensivstation. Huber, Göttingen

Haase, R. (1959): Theodor Lipps. In: Die Musik in Geschichte und Gegenwart, Bd. 8. Kassel

Haase, R. (1970): Leitfaden einer harmonikalen Erkenntnistheorie. ORA, München

Haase, R. (1976): Der messbare Einklang. Grundzüge einer empirischen Weltharmonik. Klett, Stuttgart

Haase, R. (1977): Über das disponierte Gehör. Doblinger, Wien

Haase, R. (1980): Harmonikale Synthese. Lafite, Wien

Haffa-Schmidt, U./ von Moreau, D./ Wölfl, A. (1999): Musiktherapie mit psychisch kranken Jugendlichen. Vandenhoeck & Ruprecht, Göttingen

Hartwich, H.-H. et al. (1964): Politik im 20. Jahrhundert. Westermann, Braunschweig

Hassinger, S. (1985): Das Lied in der Musiktherapie. Zeitschrift des Österreichischen Berufsverbandes der Musiktherapeuten (ÖBM) 1: 5–12

Hegi, F. (1986): Improvisation und Musiktherapie. Junfermann, Paderborn

Hegi, F. (1998): Übergänge zwischen Musik und Sprache. Die Wirkungskomponenten der Musiktherapie. Junfermann, Paderborn

Heidegger, M. (2001): Sein und Zeit. Max Niemeyer, Tübingen

Hess, P. (1996): Persönliche Mitteilung

Hess, P. (2002): Die Rolle archaischer Musik in der Musiktherapie. Einblicke 13: 72–86

Hodenberg, F. v. (1999): Die Stimme in der Sterbebegleitung. Musiktherapeutische Umschau 20: 358–363

Huizinga, J. (1994): Homo Ludens – Vom Ursprung der Kultur im Spiel. Rowohlt, Hamburg

Jacoby, H. (1980): Jenseits von ‚Begabt‘ und ‚Unbegabt‘. Christians, Hamburg

Jacoby, H. (1984): Jenseits von ‚Musikalisch‘ und ‚Unmusikalisch‘. Christians, Hamburg

Jacobs, D. (1983): Die menschliche Bewegung. Kallmeyer, Wolfenbüttel

Jochims, S. (1990): Singend miteinander verbunden sein. Musiktherapeutische Umschau 11: 127–131

Joham, G. (2002): Zur Entwicklung der Wiener Musiktherapie. In: Wiener Beiträge zur Musiktherapie Bd. 2. Edition Präsens, Wien, S. 10–29

Kächele, H./ Schaumburg, C./ Thomä, H. (1973): Eine quantitative Studie zur Bedeutung von Reden und Schweigen in der psychoanalytischen Interaktion. Abteilung Psychotherapie, Universität Ulm

Kächele, H./ Scheytt-Hölzer, N. (1990): Spielen und Sprechen – Verbale und nonverbale Aspekte des musiktherapeutischen Prozesses. Musiktherapeutische Umschau 11: 286–295

Kächele, H. (2003a): Qualitätssicherung in der ambulanten Musiktherapie – noch einmal... Musiktherapeutische Umschau 24: 5–9

Kächele, H. et. al. (2003): Musiktherapie in der deutschen Psychosomatik, Krankenversorgung, Weiterbildung und Forschung. Psychotherapeut 48: 155–165

Kasseler Konferenz Musiktherapeutischer Vereinigungen in Deutschland (1998): Kasseler Thesen zur Musiktherapie. Information zur Musiktherapie der Deutschen Gesellschaft für Musiktherapie Berlin

Kayser, H. (1947): Akroasis. Die Lehre von der Harmonik der Welt. Gerd Hatje, Stuttgart

Kirchhoff, J. (1989): Klang und Verwandlung. Klassische Musik als Weg der Bewusstseinsentwicklung, Kösel, München

Koffer-Ullrich, E. (1971): Musiktherapie und ihre Anwendung bei hirngeschädigten Kindern. In: Kohler, C. (Hg.): Musiktherapie. Theorie und Methodik. Fischer, Jena

Kremer, J. W. (1982): Plädoyer für eine Debatte um einen Gesundheitsbegriff. Musiktherapeutische Umschau 3: 21–28

Kümmel, W. F. (1977): Musik und Medizin. Ihre Wechselbeziehungen in Theorie und Praxis von 800 bis 1800. Alber-Verlag. Freiburg, München

Langenberg, M. (1988): Vom Handeln zum Be-Handeln. Gustav Fischer, Heidelberg

Küng, H. (1999): Projekt Weltethos. Piper, München

Kunzmann, P. et al. (1991): dtv-Atlas zur Philosophie. dtv, München

Langenberg, M. (1988): Vom Handeln zum Be-Handeln. Gustav Fischer, Heidelberg

Lauterwasser, A. (2002): Wasser, Klang, Bilder. Die schöpferische Musik des Weltalls. AT Verlag, Aarau

Lenz, G. (2000): Programm der Tagung „...und die Welt hebt an zu singen, triffst du nur das Zauberwort. Resonanz – Synchronisation – Regulation als Basisfaktoren von Beziehungen." Freies Musikzentrum München, März 2000

Lenz, G. (2001): Ohne Antwort bin ich verloren. Musiktherapie und frühe Interaktion. In: Storz, D./ Oberegelsbacher, D. (Hg.): Wiener Beiträge zur Musiktherapie Bd. 3. Edition Präsens, Wien, S. 265–282

Linke, N. (1977): Heilung durch Musik? Heinrichshofe, Wilhelmshaven

Loos, G. (1986): Spiel-Räume. Musiktherapie mit einer Magersüchtigen und anderen frühgestörten Patienten. Gustav Fischer Verlag, Stuttgart

Loos, G. (1996): Meine Seele hört im Sehen (Video u. Begleitheft). Vandenhoeck & Ruprecht, Göttingen

Lyotard, J.-F. (1986): Beantwortung der Frage: Was ist postmodern? In: Spierling, V. (Hg.): Die Philosophie des 20. Jahrhunderts. Piper, München, S. 493–507

Maack, C. (2004): Rezeptive Musiktherapie als Psychotherapie für Menschen mit Persönlichkeitsstörungen. In: Timmermann, T. (Hg): Empfinden – Hören – Sehen. Welche Zugänge wählen nonverbale Psychotherapien? Am Beispiel der Diagnose: Persönlichkeitsstörungen. Schriften aus dem Institut für Musiktherapie am Freien Musikzentrum e.V. München, Beiträge zur Musiktherapie Beiträge der 11. Musiktherapietagung. Reichert, Wiesbaden, S. 113–131

Mahns, B. (1997): Musiktherapie bei verhaltensauffälligen Kindern. Gustav Fischer, Stuttgart

Malebranche, N.: zit. nach: Lauterwasser, A. (2002): Wasser, Klang, Bilder. Die schöpferische Musik des Weltalls. AT Verlag, Aarau

Maler, T. (1977): Musik und Ekstase in einer ostafrikanischen Medizinmannpraxis. In: Willms, H. (Hg.): Musik und Entspannung. Gustav Fischer, Stuttgart, S. 29–45

Marcuse, H. (1979): Triebstruktur und Gesellschaft. Suhrkamp, Frankfurt

Mayr, S. (1996): Gruppendynamik. Gruppenfunktionen und Phasen der Gruppenbildung. In: Decker-Voigt, H.-H. et al (Hg.): Lexikon Musiktherapie. Hogrefe, Göttingen, S. 117–119

Metzner, S. (1993): Gegenübertragung vor dem Hintergrund der analytisch verstandenen Musiktherapie. Einblicke 5: 18–29

Metzner, S. (1997): Tabu und Turbulenzen. Musiktherapie mit psychiatrischen Patienten. Vandenhoek & Ruprecht, Göttingen

Middendorf, I. (1987): Der erfahrbare Atem. Eine Atemlehre. Junfermann, Paderborn

Möller, H. J. (1971): Musik gegen Wahnsinn. J. Fink, Stuttgart

Möller, H. J. (1974): Psychotherapeutische Aspekte in der Musikanschauung der Jahrtausende. In: Revers, W. J. et al. (Hg.): Neue Wege der Musiktherapie. Grundzüge einer alten und neuen Methode. Econ Düsseldorf, Wien, S. 53–160

Monroe, S. (1986): Musiktherapie bei Sterbenden. Gustav Fischer, Stuttgart

Moreau, D. v./ Wölfl, A. (Hg., 2002): Zur Idee des therapeutischen Nachnährens – was kann Musiktherapie leisten? Schriften aus dem Institut für Musiktherapie am Freien Musikzentrum e.V. München, Beiträge zur Musiktherapie Beiträge der 10. Musiktherapietagung. Reichert, Wiesbaden

Münzberg, C. (2000): In der Dynamik der Gruppe. In: Nöcker-Ribaupierre, M./ Münzberg, C. (Hg.): Innere Bewegung – äußere Bewegung. In der Dynamik der Gruppe. Schriften aus dem Institut für Musiktherapie am Freien Musikzentrum e.V. München, Beiträge zur Musiktherapie Bd. 3, S. 58–59

Musil, R. (1978): Der Mann ohne Eigenschaften. Rowohlt, Reinbek

Muthesius, D. (2003): Musikerfahrungen im Leben alter Menschen. Lit-Verlag, Münster

Neher, A. (1962): A physiological Explanation of Unusual Behaviours in Ceremonies Involving Drums. Human Biology 4: 151–160

Neumann, S. (1987): Ist in den komplexen Gesellschaften von heute Gesundheit möglich? Kunst und Therapie 11

Nicklaus, H.-G. (1993): Die Maschine des Himmels. Zur Kosmologie und Ästhetik des Klanges. Wilhelm Fink, München

Niedecken, D. (2003): Namenlos. Geistig Behinderte verstehen. Beltz, Stuttgart

Nitschke, B. (1984): Frühe Formen des Dialogs. Musiktherapeutische Umschau: 167–187

Nöcker-Ribaupierre, M. (1995): Auditive Stimulation nach Frühgeburt. Gustav Fischer, Stuttgart

Nöcker-Ribaupierre, M. (Hg., 2003): Hören – Brücke ins Leben. Musiktherapie mit früh- und neugeborenen Kindern. Vandenhoeck & Ruprecht, Göttingen

Nordoff, P./ Robbins, C. (1986): Schöpferische Musiktherapie. Klett-Cotta, Stuttgart

Oberegelsbacher, D. (1997): Musiktherapeutisches Improvisieren als Mittel der Verdeutlichung in der Psychotherapie. In: Wiener Beiträge zur Musiktherapie Bd. 1. Edition Präsens, Wien, S. 42–66

Oberegelsbacher, D./ Timmermann, T. (1999): Altorientalische Musiktherapie – eine kritische Betrachtung. Musiktherapeutische Umschau 20: 203–215

De Oliveira Pinto, T. (1998): Improvisation. In: Bruhn, H./ Rösing, H. (Hg.): Musikwissenschaft. Ein Grundkurs. Rowohlt, Reinbek, S. 107–129

Orff, G. (1985): Die Orff-Musiktherapie. Fischer, Frankfurt a. M.

Orff, G. (1990): Schlüsselbegriffe der Orff-Musiktherapie. Beltz Psychologische Verlagsunion, Stuttgart

Papousek, M. (1981). Die Bedeutung musikalischer Elemente in der frühen Kommunikation zwischen Eltern und Kind. Soz. Pädiatrie in Praxis und Klinik 3, Nr. 10, 468–473

Petersen, P. (1987): Der Therapeut als Künstler. Ein integrales Konzept von Psychotherapie und Kunsttherapie. Jungfermann, Paderborn

Petersen, P. (Hg.) (2003) : Forschungsmethoden Künstlerischer Therapien. Grundlagen – Projekte – Vorschläge. Mayer, Berlin

Pontvik, A. (1948): Grundgedanken zur Psychischen Heilwirkung von Musik. Rascher, Zürich

Pontvik, A. (1955): Heilen durch Musik. Walter, Zürich

Pontvik, A. (1996): Der tönende Mensch. Gesammelte musiktherapeutische Schriften. Gustav Fischer, Stuttgart

Priestley, M. (1982): Musiktherapeutische Erfahrungen. Gustav Fischer, Stuttgart

Priestley, M. (1983): Analytische Musiktherapie. Vorlesungen am Gemeinschaftskrankenhaus Herdecke. Klett-Cotta, Stuttgart

Rault, L. (2000): Vom Klang der Welt. Vom Echo der Vorfahren zu den Musikinstrumenten der Neuzeit. Frederking & Thaler, München

Renz, M. (1996): Zwischen Urangst und Urvertrauen. Therapie früher Störungen über Musik-, Symbol- und spirituelle Erfahrungen. Junfermann, Paderborn

Rett, A./ Wesetzky, A. (1975): Musiktherapie bei hirngeschädigten-entwicklungsgestörten Kindern. In: Harrer, G. (Hg.): Grundlagen der Musiktherapie und Musikpsychologie. Fischer, Stuttgart, S. 187–194

Revesz, G. (1941): Der Ursprung der Musik. In: Internationales Archiv für Ethnographie Bd. 40. Leiden, S. 65 ff

Rittner, S. (1996): Stimme. In: Decker-Voigt, H.-H. (Hg.): Lexikon Musiktherapie. Hogrefe, Göttingen, S. 359–368

Röhrborn, H. (1991): Leserbrief in Musiktherapeutische Umschau: 12: 241–343

Röhrborn, H. (1992): Zur Rolle der Musiktherapie in der Medizin. Musiktherapeutische Umschau 13: 203–204

Rösing, H. (1998): Musikgebrauch im täglichen Leben. In: Bruhn, H./ Rösing, H. (Hg.): Musikwissenschaft. Ein Grundkurs. Rowohlt, Reinbek, S. 107–129

Rösing, H. (2002): Sonderfall Abendland. In: Musikpsychologie. Ein Handbuch. Rowohlt, Reinbek, S. 74–85

Rudolf, G. (1996): Psychotherapeutische Medizin. Enke, Stuttgart

Ruland, H. (1981): Ein Weg zur Erweiterung des Tonerlebens. Musikalische Tonkunde am Monochord. Die Pforte, Basel

Rzewski, F. (2000): Autonomie des Augenblicks. Eine Theorie der Improvisation. In: Musiktexte. Zeitschrift für Neue Musik. Köln, Heft 86/87, S. 41–45

Safranski, R. (2001): Ein Meister aus Deutschland. Heidegger und seine Zeit. Fischer, Frankfurt

SAMT (Ständige Ausbildungsleiterkonferenz Musiktherapie) (1999): Internes Papier

Sloterdijk, P. (1993): Weltfremdheit. Edition Suhrkamp, Frankfurt

Scheytt-Hölzer, N. (1996): Fragen an einen Psychotherapieforscher. Interview mit Horst Kächele. Musiktherapeutische Umschau 17: 17–22

Schlaffhorst, C./ Andersen, H. (1950): Atmung und Stimme. Möseler, Wolfenbüttel

Schmidbauer, W. (1971): Psychotherapie. Ihr Weg von der Magie zur Wissenschaft. Nymphenburger, München

Schmidt, H. U. (1999): Musiktherapie bei stationär behandelten Borderlinepatienten. Musiktherapeutische Umschau 20: 30–34

Schmidt, H. (Hg.) (1997): Allgemeine Erklärung der Menschenpflichten. Ein Vorschlag. Piper, München

Schmölz, A. (1985): Musiktherapie bei psychosomatischen Erkrankungen. In: Psychotherapie im Wandel. WUV, Universitätsverlag, Wien, S. 1–7

Schmölz, A. (1988): Entfremdung – Auseinandersetzung – Dialog. Zur Komplexität des musiktherapeutischen Musikgeschehens. In: Musik und Kommunikation. Hamburger Jahrbuch zur Musiktherapie und intermodalen Medientherapie. Bd. 2., Sonderdruck. Eres, Lilienthal/Bremen

Schmölz, A. (o. J.): Selbsterfahrung im Rahmen der Musiktherapie. In: Psychotherapie im Wandel. Festschrift zum XX. Internationalen Seminar für Psychotherapie Bad Gleichenberg. Universitätsverlag, Wien, S. 129–133

Schneider, N. J. (1996): Filmmusikalisches Komponieren als Symbolarbeit. In: Institut für Musiktherapie am Freien Musikzentrum München (Hg.): Symbolbildung in der Musiktherapie. Freies Musikzentrum, München, S. 105–113

Schumacher, K. (1994): Musiktherapie mit autistischen Kindern. Musik-, Bewegungs- und Sprachspiele zur Integration gestörter Sinneswahrnehmung. Fischer, Stuttgart

Schumacher, K. (1998): Musiktherapie und Säuglingsforschung. Peter Lang, Frankfurt a. M.

Schwabe, C. (1979): Regulative Musiktherapie. Gustav Fischer, Jena

Schwabe, C. (1996): Regulative Musiktherapie. In: Decker-Voigt, H.-H. (Hg.): Lexikon Musiktherapie. Hogrefe, Göttingen

Schwabe, C./ Röhrborn, H. (1996): Regulative Musiktherapie nach Schwabe – Entwicklung, Stand und Perspektiven in einer Psychotherapiemethode. Gustav Fischer, Jena

Smeijsters, H. (1994): Musiktherapie als Psychotherapie. Gustav Fischer, Stuttgart

Sontag, S. (1966): Against interpretation. Deutsch: (2003) Kunst und Antikunst. Fischer, Frankfurt a. M.

Spitz, R.: Vom Säugling zum Kleinkind. Klett, Stuttgart 1976

Sponsel, R. (1995): Handbuch Integrativer Psychologischer Psychotherapie IPPT. IEC Verlag

Steidel-Röder, M. (1993): Ohne Musik könnte ich nicht leben. Musiktherapie mit einem krebskranken Patienten. Musiktherapeutische Umschau 14: 142-157

Steindl-Rast, D. (1985): Fülle und Nichts. Dianus-Trikont, München

Stern, D. (1992): Die Lebenserfahrung des Säuglings. Klett-Cotta, Stuttgart

Storz, D. (2000): Musiktherapeutische Techniken. In: Stumm, G./ Pritz, A. (Hg.): Wörterbuch der Psychotherapie. Springer, Wien, S. 444 f.

Storz, D. (2003): Fokale Musiktherapie. Entwicklung eines Modells psychodynamisch musiktherapeutischer Kurztherapie. Edition Präsens, Wien

Strobel, W./ Huppmann, G. (1991): Musiktherapie. Grundlagen, Formen, Möglichkeiten. Verlag Hogrefe, Göttingen

Strobel, W. (1985): Musiktherapie mit schizophrenen Patienten. Musiktherapeutische Umschau 6: 177–208

Strobel, W./ Timmermann, T. (1991): Ethnotherapeutische Elemente in der psychotherapeutischen Praxis. Klanggeleitete Trance als Weg zum Unbewußten. In: Andritzky, W. (Hg.): Jahrbuch für transkulturelle Medizin und Psychotherapie, VWM, Verlag für Wissenschaft und Bildung, Berlin, S. 113–148

Strobel, W. (1999): Reader Musiktherapie. Klanggeleitete Trance, musiktherapeutische Fallsupervision und andere Beträge. Reichert, Wiesbaden

Suppan, W. (1984): Der musizierende Mensch. Eine Anthropologie der Musik. Schott, Mainz

Suter-Dyson, R. (2002): Einfluss von Peers, Elternhaus, Schule und Medien. In: Musikpsychologie. Ein Handbuch. Rowohlt, Reinbek, S. 305–315

Thomä, H./ Kächele, H. (1986): Lehrbuch der psychoanalytischen Therapie. Bd. 1: Grundlagen. Springer, Heidelberg

Timmermann, T. (1983): Klangstrukturen und ihre psychische Wirkung. Freies Musikzentrum, München

Timmermann, T. (1987): Musik als Weg. Pan, Zürich

Timmermann, T. (1989a): Die Musen der Musik. Stimmig werden mit sich selbst. Kreuz, Stuttgart; Neuauflage dort: Musen und Menschen 1998

Timmermann, T. (1989b): Das Monochord – eine Wiederentdeckung. Musiktherapeutische Umschau 10: 308–320

Timmermann, T. (1990): Der musikalische Dialog – Beziehungsmuster im Spiegel bedeutsamer Momente im Therapieprozess. Eine musiktherapeutische Einzelfallstudie. Unveröffentliche Dissertation, Ulm.

Timmermann, T. (1994): Die Musik des Menschen. Gesundheit und Entfaltung durch eine menschennahe Kultur. Piper, München

Timmermann, T. (1998): Rezeptive und aktive Musiktherapie in der Praxis. In: Kraus, W. (Hg.): Die Heilkraft der Musik. C. H. Beck, München, S. 50–66

Timmermann, T. (2003): Klingende Systeme. Aufstellungsarbeit und Musiktherapie. Carl-Auer-Systeme-Verlag, Heidelberg

Timmermann, T. (Hg.) (2004a): Empfinden – Hören – Sehen. Welche Zugänge wählen nonverbale Psychotherapien? Am Beispiel der Diagnose: Persönlichkeitsstörungen. Reichert, Wiesbaden

Timmermann, T. (2004b): Lernen als Wachstumsprozess. Erfahrungen mit dem Unterrichtsfach „Rezeptive Musiktherapie“ an der Universität für Musik und Darstellende Kunst Wien. In: Frohne- Hagemann, I. (Hg.): Theorie und Praxis der Rezeptiven Musiktherapie. Reichert, Wiesbaden

Tucek, G. K. (1997): Ausgewählte Teilaspekte der Altorientalischen Musiktherapie. In: Wiener Beiträge zur Musiktherapie Bd. 1. Edition Präsens, Wien, S. 235–272

Tüpker, R. (1996): Ich singe was ich nicht sagen kann. Lit-Verlag, Münster

Tüpker, R. (2001): Zum Musikbegriff der musiktherapeutischen Improvisation. Einblicke 12: 44–69

Verny, T./ Kelly, J. (1983): Das Seelenleben des Ungeborenen. Ullstein, Frankfurt

Verres, R. (1999): Wie kann Musiktherapie in der Onkologie gestärkt werden? Musiktherapeutische Umschau 20: 396–400

Weltgesundheitsorganisation (1993): Internationale Klassifikation psychischer Störungen. Hans Huber, Göttingen

Weymann, E. (2001): Improvisation Instruction in The Studies of Music Therapy: About The Interrelationship of Art And Psychology. Einblicke 12: 18–26

Whorf, B. L. (1964): Sprache, Denken, Wirklichkeit. Beiträge zur Metalinguistik und Sprachphilosophie. Rowohlt, Reinbek

Willms, H. (1977): Musiktherapie bei psychotischen Erkrankungen. Gustav Fischer, Stuttgart

Wilson, P. N. (2000): Rekonfiguration. Neueres zum Thema Komposition und Improvisation. In: Musiktexte. Zeitschrift für Neue Musik, Köln, Heft 86/87, S. 3–6

Wöller, W./ Kruse, J. (2001): Tiefenpsychologisch fundierte Psychotherapie. Schattauer, Stuttgart

IX. Sachregister

X. Personenregister

Reader Musiktherapie
Klanggeleitete Trance, musiktherapeutische Fallsupervision und andere Beiträge
Von Wolfgang Strobel
1999. 24 x 17 cm. 232 S., kart.,
(3-89500-135-X)

Musik als Begegnung
Schöpferisches Handeln
zwischen Pädagogik und Therapie
Von Klaus Leidecker
2002. 24 x 17 cm. 164 S., kart.,
(3-89500-256-9)

Fenster zur Musiktherapie
Musik-therapie-theorie 1976–2001
Von Isabelle Frohne-Hagemann
2001. 24 x 17 cm. 322 S., kart.,
(3-89500-255-0)

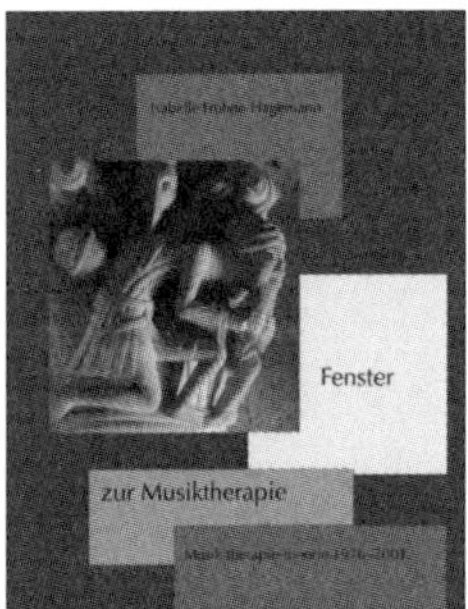

Zur Idee des therapeutischen Nachnährens – was kann Musiktherapie leisten?
Beiträge der 10. Musiktherapie-Tagung
des freien musikzentrum münchen e.V.
Hg. von Dorothee von Moreau
und Andreas Wölfl
2002. 24 x 17 cm. 112 S.,
kart., (3-89500-295-X)

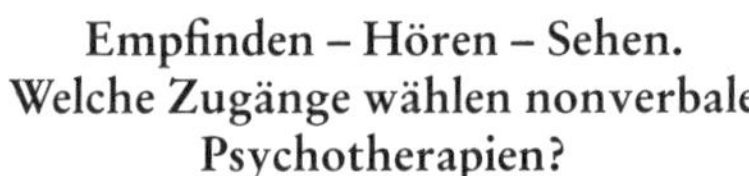

Empfinden – Hören – Sehen. Welche Zugänge wählen nonverbale Psychotherapien?
Am Beispiel der Diagnose:
Persönlichkeitsstörung
Hg. von Tonius Timmermann
2004. 24 x 17 cm. 180 S.,
31 Farbabb., kart.,
(3-89500-295-X)

ZwischenWelten
Musiktherapie bei Patienten
mit erworbener Hirnschädigung
Hg. von Monika Baumann
und Christian Gessner
2004. 24 x 17 cm. 340 Seiten, kart.,
(3-89500-371-9)